Johann Ernst Altenburg

Versuch einer Anleitung zur heroisch-musikalischen Trompeter- und Paukerkunst :

Zu mehrerer Aufnahme derselben historisch, theoretisch und praktisch beschrieben und mit Exempeln erläutert

Johann Ernst Altenburg

Versuch einer Anleitung zur heroisch-musikalischen Trompeter- und Paukerkunst :
Zu mehrerer Aufnahme derselben historisch, theoretisch und praktisch beschrieben und mit Exempeln erläutert

ISBN/EAN: 9783337038755

Hergestellt in Europa, USA, Kanada, Australien, Japan

Cover: Foto ©Thomas Meinert / pixelio.de

Weitere Bücher finden Sie auf **www.hansebooks.com**

Versuch einer Anleitung
zur
heroisch-musikalischen
Trompeter- und Pauker-Kunst,

zu mehrerer Aufnahme derselben
historisch, theoretisch und praktisch beschrieben
und mit Exempeln erläutert

von

Johann Ernst Altenburg.

Zwey Theile.

Halle,
gedruckt und verlegt bey Joh. Christ. Hendel.
1795.

Dem
Durchlauchtigsten Churfürsten
und Herzogen,
Friedrich August,
Herzog zu Sachsen, Jülich, Cleve und Berg,
auch Engern und Westphalen,
des heiligen Römischen Reichs Erzmarschall und Churfürsten,
Landgrafen in Thüringen,
Marggrafen zu Meissen, auch Ober- und Nieder-Lausitz,
Burggrafen zu Magdeburg,
gefürsteten Grafen zu Henneberg,
Grafen zu der Mark, Ravensberg, Barby und Hanau,
Herrn zu Ravenstein ꝛc. ꝛc.

Meinem gnädigsten Churfürsten und Herrn.

Durchlauchtigster Churfürst und Herzog,

Gnädigster Churfürst und Herr!

Ew. Churfürstlichen Durchlaucht diese Abhandlung über die Trompeter- und Pauker-Kunst in tiefster Unterthänigkeit zu widmen, glaubte ich um so viel mehr wagen zu dürfen, da Höchstdieselben nicht nur die Künste und Wissenschaften überhaupt so auszeichnend beschützen, sondern auch, als Erz-Marschall des heil. Römischen Reichs, insbesondere allen Feld-Trompetern und Heer-Paukern Dero hohe Protection vorzüglich angedeihen lassen. In dieser Voraussetzung hoffe ich desto un-

be-

bezweifelter auf Ew. Churfürstl. Durchlaucht huldreiche Nachsicht, mit beygefügtem Wunsche, daß Höchstdieselben diesen Versuch einer gnädigen Aufnahme würdigen mögen.

Ich ersterbe in tiefster Ehrerbietung

Ew. Churfürstlichen Durchlaucht

unterthänigst gehorsamster Diener

Johann Ernst Altenburg.

Vorrede.

Weder Stolz noch Autorsucht hat an der Entstehung dieses Lehrbuchs einigen Antheil; vielmehr war meine einzige Absicht dabey, ein Werk zu schreiben, worin die Trompeter= und Pauker=Kunst etwas ausführlicher gelehrt werden sollte, als es bis jetzt in irgend einem öffentlich bekannt gewordenen Unterrichte geschehen ist. Eine solche Anweisung schien mir um so viel nöthiger zu seyn, da nur sehr Wenige von den ausübenden Musikern selbst den ganzen Umfang der gedachten Kunst kennen. Daher mag es auch wol größtentheils kommen, daß sie gegenwärtig fast von niemanden mehr geschätzt und belohnet wird. Andre Ursachen ihres allmähligen Verfalles übergehe ich mit Stillschweigen. Der ehrliebende Künstler kennt diese Ursachen ohnedies; derjenige aber, dem Gefühl für Kunst etwas ganz unbekanntes ist, pflegt keine von Musik handelnde Bücher zu lesen. — Ob ich nun gleich nicht hoffen darf, durch diesen Versuch die Kunst wieder empor zu bringen, und alles, was zum guten Trompetenblasen gehört, erschöpft zu haben: so schmeichle ich mir doch, vielleicht einen Mann von mehreren Einsichten auf diesen, bisher so sehr vernachläßigten, Zweig der Tonkunst aufmerksam zu machen, und ihn dadurch zu bewegen, sich einer solchen Arbeit zu unterziehen.

Das=

Dasjenige, was man **bishero** von den Trompeten und Pauken hin und wieder in Schriften **findet**, beziehet sich theils auf die Geschichte derselben, theils auf die Theorie und deren Anwendung; alles sind doch aber nur Bruchstücke, **die**, überhaupt genommen, weder in dem einen noch andern Theile dieser Wissenschaft etwas **Ganzes** ausmachen. Zwar haben bekanntlich schon längst **Alardus**, **Athenäus**, **Bartholini**, **Bulengerus**, **Baierus**, **Eustatius**, **Festus**, **Fesselius**, **Heineccius**, **Josephus**, **Knauth**, **Lipsius**, **Lundius**, **Ludovicus**, **Mersenne**, **Meibomius**, **Practorius**, **Prinz**, **Polyd. Virgilius**, **Reimmann**, **Sil. Italicus**, **Sprenger**, **Stewechius**, **Vegetius**, **Sal. van Til** u. a. m. von der Erfindung, Veränderung und von dem alten Gebrauche der Trompeten und Pauken geschrieben, so wie von den Vorzügen, welche die Kunstverwandten ehedessen gehabt haben; dies alles gehört jedoch zur musikalischen Geschichte. Bey neuern Schriftstellern aber z. B. in den Werken eines **Büsing**, **Faber**, **Forkel**, **Galland**, **Mattheson**, **Mizler**, **Sorge**, **Schmidt** und **Werkmeister** findet man schon etwas mehreres; denn einige haben die Natur der Trompete sogar mathematisch untersucht. Unter diesen hat **Sorge** sich vorzüglich ausgezeichnet.

Eine schöne Dissertation vom Rechte der Trompeter schrieb und vertheidigte im Jahr 1711 Prof. **Wildvogel** zu Jena. Auch die mit vielem Ruhm bekannte prüfende Gesellschaft zu Halle lieferte An. 1741 bis 1743. zwey vortrefliche Abhandlungen über diesen Gegenstand. – Nächstdem gab ein Ungenannter, vermuthlich ein privilegirter Heer-Pauker, 1770 zu Leipzig auf seine Kosten eine kleine Abhandlung unter dem Titel heraus: „Beantwortung der in den musikalischen-wöchentlichen „Nachrichten und Anmerkungen stehenden Abhandlung vom Gebrauche „und Mißbrauche der Pauken, vom Jahr 1768, Seite 208-220."

worin derselbe den Verfasser jenes Aufsatzes zu widerlegen sucht. Von allen diesen werde ich an seinem Orte das nöthigste berühren; denn sie verdienen insgesammt mehr oder weniger Lob.

Was ich in diesem Versuche geleistet, und wo ich etwa geirrt habe, dies erwarte ich von dem Urtheile unpartheyischer Kenner. Nur bitte ich bey der Beurtheilung dieses Lehrbuchs zu erwägen, daß ich bis jetzt der Erste und Einzige bin, der nicht bloß einzelne Theile, wie meine Vorgänger, sondern alles, was zur Trompeterkunst gehört, darzustellen und abzuhandeln suchte. In dieser Rücksicht glaube ich nicht ohne Grund auf einige Nachsicht rechnen zu können.

Die Schriften, die ich dabey benützte, sind in dem Werke selbst an seinem Orte genannt worden. Außerdem aber habe ich besonders dem Herrn Musik-Director Türk zu Halle in mancher Rücksicht viel dabey zu verdanken. Unter andern überließ er mir, mit ausnehmender Bereitwilligkeit, verschiedene Werke aus seiner zahlreichen Bibliothek zu meinem Gebrauche.

Uebrigens hoffe ich, daß diese meine Bemühung nicht nur denjenigen Obern, die Trompeter unter ihrem Commando haben, sondern auch den Kunstverwandten selbst einigermaßen nützlich werden könne.

Bitterfeld, den 7ten May, 1794.

Inhalt.

Erster Theil.

Historischer und theoretischer Unterricht zur Erlernung der Trompeten und Pauken.

Kap. I. Von dem Ursprunge, Erfindung und Beschaffenheit der ersten Trompeten, nebst den verschiedenen Arten, Namen und Gestalten derselben. S. 1.

Kap. II. Von dem alten Gebrauche der Trompete, der Würde und den Vorzügen, welche die Trompeter von jeher gehabt haben. S. 13.

Kap. III. Von dem heutigen Gebrauche, Nutzen und Wirkung der Trompete. S. 22.

Kap. IV. **Von den Vorzügen der privilegirten Trompeter und Pauker überhaupt.** S. 25.

Kap. V. **Von** den Vorzügen der **gelernten** Kunstverwandten insbesondere. S. 31.

Kap. VI. Von dem Verfall und Mißbrauche der Kunst. S. 43.

Kap. VII. Von berühmten Trompetern in alten und neuen Zeiten. S. 56.

Zweyter Theil.

Praktischer Unterricht zur Erlernung der Trompeten und Pauken, mit Regeln und Exempeln erläutert.

Kap. VIII. Von den Trompeten-Klängen, Intervallen und Verhältnissen derselben. S. 67.

Kap. IX. Von dem Mundstücke, **den** Setzstücken oder Aufsätzen, dem Krummbogen und Sordun. S. 80.

Kap. X. **Von den** heroischen Feldstücken, dem Principal- und Tafelblasen, nebst **der** sogenannten Zunge und Haue. S. 88.

Kap. XI. Vom Clarinblasen und von dem dazu erforderlichen Vortrage. S. 94.

Kap. XII. Von der Einrichtung und Beschaffenheit der Trompetenstücke. S. 101.

Kap. XIII. Von den Trompeten-Manieren. **S. 113.**

Kap. XIV. Von den Erfordernissen und Pflichten eines Lehrherrn und Scholaren. S. 119.

Kap. XV. Einige Vorschläge, **wie** ein Lehrherr seinen Scholaren zweckmäßig unterrichten könne. S. 120.

Kap. XVI. Von den Pauken. S. 125.

Anhang. S. 133.

Historischer und theoretischer Unterricht

zur

Erlernung der Trompeten und Pauken.

Erster Theil.

Kapitel I.

Von dem Ursprunge, Erfindung und Beschaffenheit der ersten Trompeten, nebst den verschiedenen Arten, Namen und Gestalten derselben.

Das deutsche Wort Trompete wird auf mancherley Weise hergeleitet. Einige leiten es von dem griechischen Worte Tromos, andere von dem lateinischen Tremor, d. i. das Zittern oder Beben her, und zwar beydes wegen ihres zitternden und bebenden Klanges; [a] Noch andere von dem französischen Worte Trompe, d. i. ein Elephantenrüssel, denn weil die langen Röhren und Trompeten der alten Römer, worauf sie bliesen, am Ausgange des Instrumentes, ohngefähr die Form eines solchen Rüssels hatten, so sey eben daher das Diminutivum Trompette, d. i. ein kleiner Rüssel, entstanden. [b] Allein, die meisten suchen den Ursprung in dem altdeutschen Wort Tromm, wodurch man einen Schall, Brummen oder Geräusche, das mit Zusammenschliessung der Zähne geschiehet, ausdrucket, und so sey daher das alte Wort Trommet entsprungen. Nachher habe man blos des Wohllauts wegen, das p hineingesetzet, und solchergestalt sey es Trompete geheissen worden. [c]

Was

---

[a] Siehe hiervon Jablonsky, allgemeines Lexicon der Künste und Wissenschaften. Desgleichen Fasch, im Kriegs-Ingenieur- und Artillerie Lexicon. Nicht weniger, Hübners Natur-, Kunst- und Handlungs Lexicon.

[b] Besiehe den Kupferstich beym Lipsius de mil. Rom. l. IV. dial. X. benebst bemeldeter Aehnlichkeit.

[c] Spate im Sprachschatze, vom Ursprung der Wörter.

Was nun die Erfindung der Trompete anbetrift, so finden sich hierüber verschiedene Meynungen; Einige eignen sie dem Jubal, andere den Aegyptiern, und noch andere den Tyrrhenern zu.

Da Lipsius des Gebrauchs der Trompete bey den Aegyptiern und Archivern erwähnet, so erhellet zugleich daraus, daß jene ihren Abgott Osiris d) für deren Erfinder gehalten, und daß sie nur von den Priestern bey den Opfern geblasen wurden, e) diese hingegen, eins der ältesten griechischen Völker, eigneten diese Erfindung der Minerva zu.

Unter den Tyrrhenern wird bald Piseus, bald Maleus, ofte Tyrsenus, wie auch Tyrzäus oder Tyrtäus, für den Erfinder derselben angegeben.

Nach Plinius f) soll Piseus, ein König der Tyrrhener, An. 2951 nach Erschaffung der Welt, oder 260 Jahr vor Erbauung der Stadt Rom, und nach Alexander Sardus Maleus oder Milens, der Tyrrhener Feldherr, Erfinder derselben seyn. Auch Virgilius g) sagt: „und das Tyrrhe-„nische Getöse der Trompete brüllete durch die Luft." Pausanias eignet sie dem Tyrseno, des Herculis Sohne, einem Feldherrn der Thirrhener zu. Diodorus Siculus h) schreibt hiervon folgendes. „Die Tyrrhener, welche „an Infanterie mächtig waren, führten die erste Trompete ein, weil sie „ihnen zum Kriege sehr nützlich war." Acron, über Horatii poetische Kunst, will beweisen, daß sie der Poet Tyrtäus, der im J. d. W. 3314 lebte, aufgebracht haben soll, und Porphirius will ihm wenigstens die Erfindung einer gewissen Melodie, Art und Weise, sie zu blasen, zuschreiben. Diesem stimmt auch Justinus i) bey, und erzählet die Gelegenheit, bey welcher er sie zuerst gebrauchet, und sich damit berühmt gemacht haben soll: „als nemlich die Lacedämonier, im Kriege wider die Messenier, ihren Gott
„Apol-

d) Dieser soll der erste Aegyptische König gewesen seyn, den sie als einen Gott verehrten.

e) Von der Sündfluth an, bis zum Ausgange der Israeliten aus Aegypten, rechnen die Historici einen Zeitraum von 795 Jahren, s. Hübners geographische Historie.

f) In s. Hist. natur. l. VII. c. 56.

g) l. VIII. Aeneid.

h) In s. Histor. Biblioth. l. VI.

i) l. III. p. 53.

„Apollo um Rath fragten, erhielten sie von ihm die Antwort, wenn sie
„das Feld behalten wollten, so sollten sie sich eines Athenienfischen Feldherrn
„bedienen. Da nun die Athenienser von den Lacedämoniern darum gebeten wurden,
„schickten sie ihnen gedachten Tyrzäum, k) der ein lahmer, einäugiger und
„unansehnlicher Mensch war, um diese nur damit zu verhöhnen. Dem
„ohngeachtet aber bedienten sich die Lacedämonier seiner Hülfe, und mach-
„ten ihn zu ihrem Heerführer, da sie wohl wußten, daß auch zuweilen in
„einem ungestalten Körper ein kluger und heroischer Geist verborgen seyn
„könne. Dieser unterrichtete sogleich viele unter ihnen im **Trompetenblasen**,
„und führte die Armee selbst an. Da nun das Treffen angieng, befahl er,
„überall Lerm zu blasen, durch dessen unerhörten und ungewöhnlichen Schall
„die Messenier erschracken, und in der größten Unordnung die Flucht er-
„griffen; wodurch also die Lacedämonier mit leichter Mühe einen beträchtlichen
„Sieg über jene erhielten." l)

Alle diese verschiedene Meynungen entstehen von nichts anders, als von
den mancherley Veränderungen der Trompete, denen sie ausgesetzt gewesen ist,
wie ich in der Folge zeigen werde; wie auch **von** andern dergleichen Blasinstrumenten, nicht weniger in der Art und Weise, dieselbe zu blasen. Denn
da trift man bey den alten Scribenten, sonderlich beym Polydoro, Virgilio, die Er-
findungen vieler Dinge an, welche aber **mehr** für Veränderungen und Verbesse-
rungen anzusehen sind; um so vielmehr, **da alle Künste und Wissenschaften** in
der Welt einen nur geringen Ursprung gehabt haben.

Die Heyden hatten die Gewohnheit an sich, daß sie die Erfin-
bung ihrer Künste ihren Göttern zuschrieben, und daher eigneten sie die
Musik dem Apollo zu. Vossius, Hegezius und Hendeger beweisen auch ganz
wahrscheinlich, daß sie aus dem Jubal den Apollo gemacht **haben**.

Daß

---

k) Printz in s. Musik. Hist. nennet diesen Tyrzäus einen berühmten Trompeter und Elegien-
schreiber. Und Hübner in s. politischen Historie p. 197, führet ihn gar als einen König
der Messenier an, welches aber vermuthlich eine Irrung ist, und sagt zugleich, daß er
vorher ein lahmer, einäugiger Schulmeister gewesen, der die Soldaten durch seine
Heloengedichte zum Streite aufgemuntert habe.

l) Athen, Messenien und Lacedämon waren lauter kleine griechische Königreiche, so lange,
bis endlich An. 3619 durch Alex. Magn. ganz Griechenland und Persien zu einer Monar-
chie wurden.

Daß die Erfindung der Trommeten mit eine der ältesten sey, läßt sich daraus darthun, daß man sie schon zu Moses Zeiten, der im Jahr der Welt 2372 geboren wurde, gekannt hat. Moses ließ 2 silberne Trommeten verfertigen und übergab sie den beiden **Priestern Eleasar und Ithamar, Aarons Söhnen, in der Absicht, daß sie sie** als eine beim äussern Gottesdienst feierliche **Ceremonie** einführen sollten. Zugleich überredete er die Israeliten, daß die Trommete ein von Gott geheiligtes Instrument und eben daher nur den Priestern erlaubt sey, darauf zu blasen. Dies that er, **um das** abergläubische **Volk**, dessen Religionsbegriffe nur durch sinnlichen Eindruck aufrecht erhalten werden konnten, desto feuriger, ehrfurchtsvoller, standhafter **und** anhänglicher an ihre Religion zu machen. Daher kam es, daß **ein Laie jedes Instrument**, nur nicht, weil es Entheiligung der Gottheit gewesen **wäre**, die Trommete blasen durfte.

Im hebr. Grundtext **findet man** das Wort **Chazozrah**, welches Luther Trommete übersetzt; ᵐ) dagegen Jobel, **Keren**, (chald. Schophar) von den Gelehrten durch Zinken, Posaunen, Widderhörner, für deren Erfinder Jubal angegeben wird, ⁿ) **und** ᵒ) verdeutscht werden.

Josephus, ᵖ) der erste Geschichtschreiber, **und** mehrere andere, beschreibt sie als ein von starkem Metall getriebenes Instrument einer Ellen lang, welches vom Mundstück nach dem Ende zu in Form einer Glocke sich allmählig erweiterte.

In der Wüsten sind die Trompeten vermuthlich in **der Hütte Mosis** oder der Söhne Aaronis verwahret worden. Nach Josephus und Lundius waren in dem Vorhofe des Tempels auf beyden Seiten funfzehn **Stufen**, woselbst alle musikalische Instrumente, nebst den Trompeten, aufgehangen wurden.

So

---

m) Ausser im 1 B. d. Chron. C. 13. v. 8. wo er es Posaune übersetzt, und sich vermuthlich geirret hat.

n) 1 B. Mos. C. 4. v. 21.

o) Von diesem Jobel, soll eben diesem Instrument-Erfinder der Name Jubal beygelegt worden seyn; wie man ihn denn auch für den Angeber der Zittern und Psalter hält.

p) de Antiq. Iudæo. l. III. c. I.

So unterscheiden sich nun die rechten Trommeten von den Posaunen und Widderhörnern sowol dem Namen, Gebrauche und Klange, als auch der Gestalt und Materie nach. Denn die Trommeten waren blos den Priestern eigen, und zu einem heiligen und solennen Gebrauche bestimmt; die Posaunen und Widderhörner aber waren andern gemeinen Leuten erlaubt: Jene hatten einen reinen und hellen, diese aber einen helschen und dumpfigen Klang: Die erstern giengen grade aus, die andern aber waren krumm gebogen. Jene waren von Silber, diese aber von einem Widderhorn oder geringen Metall.

Indessen wissen wir, daß diese Trommeten, unter allen musikal. Kriegsinstrumenten, ohnstreitig die meisten Veränderungen ausgestanden. Denn da sie nach der Zeit auch bey andern bekannten Völkern eingeführt wurden, haben ihr fast die meisten eine andere Gestalt gegeben. Eben daher mag es auch wol rühren, daß sich viele der Erfindung anmassen. Besonders haben ihr die Aus- und Morgenländischen Völker zum Theil recht wunderliche Figuren beygeleget, wie dergleichen sonderlich beym Agricola und Pratorius zu sehen sind.

Eustatius führet aus der heydnischen Geschichte sechserley Gattungen der Blasinstrumente an, die damals üblich waren; 1) Die, welche Osiris bey den Aegyptiern erfunden, Euophe genannt, und bey den Opfern gebraucht wurden. 2) Salpinrathina, die von der Minerva erfunden, und bey den Archivern im Gebrauche gewesen. 3) Carnix, dessen sich die Gallier bedienten. Oben war ein bleyernes Rohr als ein Mundstück daran, und unten am Ausgange hatte es die Gestalt eines Thieres, übrigens aber einen scharfen Ton. 4) Die Paphlagonische, welche am Ausgange einem Ochsenkopfe, und im Schall dem Gebrüll des Ochsen selbst ähnlich waren. 5) Die Medische, von Schilfrohre gemacht, mit einem tiefen Ton. 6) Die Tyrrhenische, einer phrygischen Pfeife ähnlich, mit gespaltenem Mundstück und scharfem Laut; welche, wie Eustatius behauptet, bey den Römern Mode gewesen seyn sollen, indem er sich deshalb auf den Diod. Sicul. berufet.

Den fernern Unterschied dieser Blasinstrumente macht aber nicht nur die Gestalt und öftere Windung, sondern auch die Materialien derselben.

Die

Die Trompeten von Silber, Meßing, Zinn, Kupfer, Porcellan, Glas, Thon, Holz und dergl. haben in soweit alle einen Trompeten ähnlichen Klang, und geben auch die Trompeten Intervallen richtig an, nur daß immer eine reiner und heller, stärker und schwächer, höher und tiefer, dumpfiger und heischer klingt, als die andere. Daher hat ein Verfertiger sowol auf die Wahl eines guten und reinen Metalles, als auf die rechte Zusammenfügung derselben, vorzüglich zu sehen, weil hierbey vieles, in Ansehung des reinen und hellen Klanges, nicht weniger, im Betracht der Leichtigkeit zu blasen, darauf ankommt: indem hierdurch die klingenden Theile der Luft desto bequemer hin und her beweget, erschüttert und solchergestalt klingbar gemacht werden.

Ob nun zwar unsere heutigen Blasinstrumente für sich schon bekannt genug sind, als daß noch viel davon zu sagen wäre, so werden doch wol viele seyn, die eben nicht so genau auf ihre verschiedene Gattungen Achtung geben, denn sonst würde man sie gewiß in höhere und geringere Klassen, wie die Alten gethan, besser eintheilen und unterscheiden. Wir haben deren so mancherley Arten und Gattungen, daß wir noch einige davon entrathen könnten; daher auch hier diese, und dort jene eingeführt sind.

Ich will mich bemühen, die Trompeten-Arten auf eine reelle Art von einander zu unterscheiden. Diesemnach will ich dieselben vornemlich in zwey Hauptarten, nemlich in die alte und neue, und diese wieder in verschiedene untergeordnete Klassen oder Gattungen abtheilen.

A. Der alten Art

Erste Klasse.

1) Die von Mosen verfertigten zwey silbernen Trompeten (tuba antiqua ebraea,) deren ich vorher bereits gedacht, sind ohnstreitig die vornehmsten.

Mit dergleichen Trompeten pflegen gewöhnlich die Mahler und Bildhauer sowol die Fama q) als den Erzengel Gabriel r) vorzustellen und abzubilden.

---

q) War bey den Heyden die Göttin des Rufes.

r) Ist den Trompetern als ihr Schutzpatron vorgesetzet.

2) Das Widderhorn (ebr. Jobel oder Keren, chald. Schophar) war ein, von dem Horn eines Widders oder andern Thiers, verfertigtes Blasinstrument, dessen sich die alten Ebräer bey mancherley, wiewol geringfügigen, Gelegenheiten bedieneten, wie uns auch die heil. Schrift meldet. s)

3) Eine andere Posaune (lat. Buccina, welche von bucca und cano so benennet wurde) hatten noch die Alten, das eigentlich ein musikalis. Kriegsinstrument war, mit welchem sie sonderlich das Signal zum Angriff, Aufbruch und Retirade zu geben pflegten. Es war solches von Erz oder Metall verfertiget, und ganz krumm gebogen, worinne es von der Tuba directa, welche gerade ausgieng, sich unterscheidete. t)

Von der Gestalt und Beschaffenheit der Trompeten bey den Griechen sind sehr wenige Nachrichten vorhanden; ob wir gleich wissen, daß sie dieselben auch vielfältig gebrauchten. Inzwischen zweifle ich nicht, daß sie die drey erwähnten Gattungen ziemlich werden beybehalten haben, welches um so mehr, wegen der oft geführten Kriege unter ihnen, zu vermuthen ist. Es berichtet uns hiervon auch Galland, daß vorerwähnte drey Blasinstrumente der Ebräer; bis auf die Römer nicht fortgepflanzet sind, und führt vornemlich drey Gattungen an, die bey den alten Römern üblich waren, als:

Zweyte Klasse.

1) Tuba, (sonst auch tuba directa) von tubus, d. i. ein Rohr, weil sie in Absicht ihrer geraden Richtung einem Rohre ähnlich sahe.

2) Lituus, war etwas kleiner, gegen das Ende zu gekrümmt und für die Reuterey besonders, so wie im Gegentheil jene mehr für das Fußvolk bestimmt.

3) Buccina, welche ganz krumm gewunden, und jedem gemein war.

Daß nach der Zeit bey den Römern mehrere dergleichen Blasinstrumente in Gebrauch gekommen sind; ersiehet man aus des Prätorius. u) Abrisse,

der

---

s) S. Bartholocii Biblioth. Rab. P. 2. p 166. seq. und Hedrichs Lexk.
t) S. Printz. mus. Hist. C. 3. p. 30.
u) In s. mus. Hist. Tab. VIII. Fig. 10.

der **Tuba** Hieronymi, und eines vielmal enge gewundenen Horns, v) das bei ihm unter dem Namen Jäger-Trommet vorkommt. Auch hatten sie eins, in Gestalt eines Drachenkopfes, rund wie ein Horn gewunden, tromba corva genannt. Noch andre dergleichen Gattungen, waren die Tromba doppia, Spezzata clareta u. s. **w.**

Auch bey den **Morgenländern** hat man verschiedene Blasinstrumente eingeführt; wie folget:

Dritte Klasse.

1) **Kerena**, eine Trompete der Ostindianer, funfzehn Schuh lang. w)

2) **Kereney**, die Trompeten in Ispahan, von Kupfer, zwölf Ellen lang, und unten mit einer so großen Stürze, daß sie fast einer großen Schüssel ähnlich ist, worauf sie mehr brülleten als bliesen. x)

3) **Nasiri**, eine andere in Ostindien gebräuchliche Art von Trompeten. y)

4) **Tre**, heißet die Siamische Trompete, diese soll von Holz, gerade ausgehen, und mit goldnen Ringen umwunden seyn. z)

5) **Ja**, eben dergleichen Trompete, von ungeheurer Größe, deren sich auch die **Moguln** und **Tatarn** bedienen sollen.

Zu der Zeit, ehe die Trompeten bey den alten **Deutschen** gebräuchlich wurden, belustigten sie sich, wie man lieset, im Kriege blos an dem Klange ihrer Waffen, welches beym Angriff theils in einem schreklichen Geschrei, theils im Schlagen auf ihre hohlen Schilde, bestand. a) Nachher führten sie, nach Vegetius Erzälung die Büffel- und Auerochsen-Hörner, die am Ansatze mit Silber beschlagen wurden, ein, bis denn späterhin wahrschein-

v) Eben daselbst, Tab. 8. Fig. 11.
w) S. Bonnet in s. Hist. de la Mus. Chap. III. p. 326.
x) S. die neue Welthistorie B. III. p. 347.
y) S. Walther mus. Lexicon p. 437.
z) S. de la Loubere Beschreib. des Königr. Siam.
a) Tacitus d. M. G C. 3.

ſcheinlich im mittlern Jahrhundert, nachdem der ſächſl. Kayſer **Heinrich I.** mit dem Zunamen Auceps, der von 919 bis 936 regieret, die Tourniere und Ritterſpiele anordnete, die Trompeten als dazu vorzüglich brauchbare Inſtrumente bey den Deutſchen in Gebrauch kamen, welches um ſo mehr dadurch beſtätigt zu werden ſcheint, weil in den Beſchreibungen dieſer Ritterſpiele oft des Aufblaſens mit Trompeten gedacht wird. Wiewol auch einige wider dieſe Meinung behaupten wollen, daß die Deutſchen, zu der nemlichen Zeit, von den Franzoſen, ſowol dieſe Spiele, als den Gebrauch der Trompete, erlernet und eingeführet hätten.

Dieſem ſey nun wie ihm wolle, ſo iſt doch ſo viel gewiß, daß ſie erſt in den mittlern Zeiten bey uns nach und nach gebräuchlich wurden; welches ich unten weiter ausführen werde.

Unſere ordinaire Trompete, (lat. **Tuba**, franz. Trompette, ital. Tromba oder Clarino), iſt als ein muſikaliſches Blas- und Kriegsinſtrument bekannt, und beſonders bey der Reuterey gebräuchlich.

Ihr **Klang** macht **Muth**, iſt durchdringend und ſcharf, in der Höhe gleichſam ſchneidend, ſo, wie in der Tiefe ſchmetternd. Man hört ſie unter allen Inſtrumenten am weiteſten, und giebt ihr daher Vorzugsweiſe der übrigen den Namen Königin. Matheſon [b] nennt ſie die weitſchallende und heroiſche, Schmidt [c] die jauchzende Trompete.

Dieſe Trompeten ſind gemeiniglich von geſchlagenem Silber oder Meßing verfertiget, und aus ſechs Theilen, die drey beſondere länglichte Röhren bilden, zuſammengeſetzt. Nach dem Ausgange zu erweitert ſie ſich trichterförmig, und verhältnißmäßig der engen Röhre, wird ihr ein mit einer engen Oefnung verſenktes Mundſtück aufgeſetzt. Die rechte Länge und Weite wiſſen ihnen die Inſtrumentenmacher größtentheils nur ex praxi, ſelten aber aus wahren mathematiſchen Gründen, wie es doch ſeyn ſollte, zu geben. Und eben daher rühret es auch, daß Trompeten von verſchiedenen Meiſtern ſelten vollkommen rein zuſammenſtimmen; wiewol auch andere Urſachen hieran Schuld ſind.

Die

b) Im Orcheſtre p. 265.
c) In Theol. Muſika.

Die silbernen Trompeten, deren man sich zur Pracht an großen Höfen bedienet, werden gemeiniglich von sogenannten Augspurger 13löthigem Silber, verfertiget: Die Meinung aber, daß diese in Absicht des Klanges einen Vorzug vor den meßingenen haben, ist ungegründet. Vielmehr bestätigt sich aus der Erfahrung, das Gegentheil. Die Ursache davon liegt wol an der Dichtheit des Silbers, das sich nicht so gut wie das Meßing treiben läßt.

Bey einer jeden Trompete hat man hauptsächlich auf folgende drey Stücke zu sehen, als: 1) auf ihre Länge und Kürze, 2) auf ihre Weite und Enge; und 3) auf die **Stärke und** Schwäche der Materie. **Von** allen will ich das Nöthigste berühren.

Die Länge bestimmt die Tiefe, und **die Kürze die Höhe des Tons**, wovon sie auch verschiedene Namen bekommt, welches weiter unten näher ausgeführt werden wird.

Eine weite Trompete schallt zwar stärker und durchdringender als eine enge; sie verlanget aber auch einen stärkern Windstoß, so wie die Es oder Dis-Hörner einen schwachen, tiefen und pathetischen Klang, wegen der Enge und Länge Ihres Corpus von sich geben.

Eine Trompete, von starkem und dickem Metall ist zwar dauerhaft, und zum Feldstück und Principal brauchbar; aber in der Höhe zum Clarin verlangt sie mehr Wind, hat einen unangenehmen Klang, und ist daher einem Clarinisten und Concert-Trompeter ganz untauglich. Ist aber das Metall zu dünne und schwach, so lässet sie sich in der Höhe zwar leicht anblasen, hat auch vor jenem einen angenehmen Klang: ist aber in der Tiefe zu Feldstück und Principalblasen nicht stark und durchdringend genug; und überhaupt nicht dauerhaft.

Es ist daher wol zu dem ordinairen Gebrauche die Mittelgattung des Metalles die beste. Wollte sich aber ein anderer, nach Beschaffenheit seiner blasenden Stimme, einer stärkern zum Prinzipal und einer schwächern zum Clarin bedienen, der würde auch nicht unrecht handeln. Indessen hält man die zu Nürnberg von W. Hasen verfertigten und mit Engelsköpfen besetzten gemeiniglich für die **besten**. Diese Bemerkungen, die jeder Kunstverständige Trompeter von selbst machen wird, sind jedoch hier bloße Resultate unserer eigenen Erfahrungen.

Ich

Ich habe bereits gesagt, daß der Unterschied unserer gewöhnlichen Trompeten bloß in der Länge und Größe bestehet, und diese giebt uns

B. Der neuen Art
Erste Klasse.

1) Hier hat nun wol ohnstreitig die chortönige C-Trompete bey uns Deutschen den Vorzug. Sie wird deswegen so genennet, weil sie mit dem Orgelwerk, (das ordinair im Chortone stehet) in das C einstimmet, oder von rechtswegen einstimmen soll, und muß daher, nach gewöhnlichem Fußtone, mit der tiefen Principalpfeife einerley Länge haben; d. i. sie muß gerade 4 Ellen oder 8 Fuß lang seyn, wenn sie anders richtig einstimmen soll. d) Da nun gewöhnlich der Chor- und Kammerton nur um einen Ton von einander differiren, indem jener einen Ton höher und dieser einen Ton niedriger ist, so ist leicht einzusehen, daß diese Trompete nach Kammerton in D einstimmen muß. Und deswegen kann sie eben so gut die kammertönige D-Trompete heissen, wiewol auch manche in Es stimmen. Mit dieser Gattung kann man in der Tiefe die Feldstücke und den Principal sowol, als in der Höhe den Clarin, ganz bequem blasen, indem sie zu jenen nicht zu lang und zu diesem nicht zu kurz sind, welches für die deutschen Trompeter ein nicht geringer Vortheil ihrer Kunst ist.

2) Die kammertönige F-Trompete oder die französische; weil sie bey den Franzosen eingeführt ist, ist schon etwas kürzer, folglich um eine kleine Terzie oder anderthalb Ton höher als die vorige.

3) Die kammertönige G- oder englische Trompete (ital. Tromba piccola,) heißt deswegen so, weil sie bey den Engländern üblich ist. Sie ist noch einen ganzen Ton höher als die vorige, und um eine Quarte (Diatessaron) höher, als die erste. Das Clarinblasen lässet sich darauf nicht so hoch treiben, als auf der deutschen D-Trompete; und der Bläser wird geschwinder durch ihr kurzes Korpus ermattet. Feldstück und der Principal kann sehr durchdringend und schmetternd darauf ausgedrückt werden.

---

d) Dieses ist bloß von einem achtfüßigen Principal und Orgelwerke zu verstehen. Sonst giebt es auch dergleichen Trompeten, die um einen halben Ton höher stehen, von welchen aber hier die Rede nicht ist.

Den fernern Unterschied dieser Blasinstrumente macht aber nicht nur die verschiedene Größe, sondern auch die öftere Windung, Gestalt und Materialien derselben.

Zweyte Klasse.

1) Hier verdient wol die sogenannte Inventions = oder italiänische Trompete den ersten Rang, weil sie, wegen der öftern Windung, auf eine bequeme Art inventirt ist. Sie sind vorzüglich in Italien gebräuchlich, haben den nemlichen Trompetenklang, wie die vorigen, und sind von verschiedener Größe.

Die Trompeter der Cavallerie bedienen sich ihrer nicht, sondern die so genannten Oboisten und Regimentspfeifer der Infanterie.

2) Die Zugtrompete, welche gewöhnlich die Thürmer und Kunstpfeifer zum Abblasen geistlicher Lieder brauchen, ist fast wie eine kleine Alt Posaune beschaffen, weil sie während dem Blasen hin und hergezogen wird, wodurch sie die mangelnden Töne bequem heraus bringen können.

3) Die Clarinette, welches eigentlich ein Trompetchen heißt, hat zu Anfange dieses Jahrhunderts ein gewisser Nürnbergischer Künstler erfunden. Sie sind von verschiedener Größe.

Dies hölzerne Blasinstrument ist einem Oboe nicht unähnlich, und hat vorne ein breites daran befestigtes Mundstück. Der Umfang ihrer Töne erstreckt sich gewöhnlich vom ungestrichnen f, bis in das dreygestrichne d wiewol auch manche bis in f, folglich drey ganze Octaven hinauf steigen, auch dabey chromatisch blasen, indem sie alle halbe Töne darauf haben, und daher in die mehresten Tonarten ausweichen und daraus mit blasen können. Dies mag wol einige Componisten bewogen haben, besondere Concerte und Sonaten darauf zu setzen. Der schneidende und durchdringende Klang dieses Instruments hat sonderlich bey der Kriegsmusik der Infanterie seinen guten Nutzen; und nimmt sich weit besser in der Ferne als in der Nähe aus.

4) Die Trompete Marine, ist zwar kein blasendes, aber doch ein altes See Instrument, das bey den Schiffsleuten noch im Gebrauche ist. Der Gestalt und Beschaffenheit nach, ist es ein langes ausgehohltes und mit einer

Darm-

Darmsaite bezogenes Holz, die gemeiniglich mit einem Bogen gestrichen wird, und den ganzen Umfang der Trompeten Töne angiebt; deswegen stelle sie auch einen Klangmesser (Monochordum) vor. e)

5) Die Trompete im Orgelwerk, ist ein gewisses Register, das unter die Rohr= oder Schnarrwerke gehöret. Man hat sie sowol im Manual als Pedale anzubringen, sich vergebliche Mühe gegeben. So wenig nun aber die Orgelbauer die Menschenstimme natürlich hervorbringen können, eben so wenig werden sie auch wol die Trompete gehörig nachzuahmen im Stande seyn. f)

Endlich berichtet noch Hr. Adelung g) in seiner musikal. Gelahrtheit, daß 1723 der damalige Stadt=Organist zu Ilmenau, Hr. Gleichmann, eine gewisse Art von Trompeten, die man in lederne Handschuhe oder in die Tasche habe stecken können, erfunden. Da man aber nach der Zeit nichts weiter davon gehört hat, so muß vermuthlich diese Erfindung nicht von Erheblichkeit gewesen seyn.

Kapitel II.
Von dem alten Gebrauche der Trompete, der Würde und den Vorzügen, welche die Trompeter von jeher gehabt haben.

Der Geschichte zu Folge, sind die zwey silbernen Trommeten, welche den Priestern von Moses gegeben wurden, die uns bekannten ältesten.

Auch bleibt so viel gewiß, daß sie vorzüglich als eine Feierlichkeit beim äussern Gottesdienst gebraucht wurden.

Im

---

e) S. hievon de Chales Mund. mathem. T. III. p. 23. und Conf. Bon. Cabin. Armon. p. 103., wo dessen Abtheilung zu sehen ist.

f) Das Sonderbarste und Ungereimte bey dieser Nachahmung ist dieses: daß man beydes durch ein Schnarrwerk vorstellen will; da doch weder die Singestimme noch Trompete in ihrem Wesen etwas schnarrendes an sich haben dürfen.

g) Professor und zugleich Organist an der Prediger Kirche zu Erfurt.

Im A. T. finden wir, daß die Trommeten zur Zusammenberufung der Gemeinde und zum Aufbruch des Heers geblasen wurden. h)

Fesselius in seiner bibl. Concordanz erläutert dies mit Stellen A. T. und führt den Gebrauch derselben auf folgende 2 Stücke.

I. **Zur Versammlung der ganzen Gemeinde**, wenn nemlich mit beyden; **zur Versammlung der Fürsten und Obersten** aber; wenn nur mit einer schlecht geblasen wurde. i) letztere hatten ihre besondern Zusammenkünfte, **bey welchen das Volk nicht zugegen seyn durfte**: bey der Versammlung der Gemeinde aber mußten sie sich allemal mit einfinden.

II. **Beym Aufbruche des Lagers**, α) gegen Morgen, wenn die Priester zum erstenmal trommeteten, und β) gegen Mittag, wenn es zum zweytenmale geschähe. k)

Das unterscheidende Signal wurde daher, theils durch die Anzahl der Trompeten, theils durch den Ausdruck selbst gegeben. Jene machten den Unterschied der Versammlung, zwischen dem ganzen Volke, den Fürsten und Obersten: dieser aber zeigte beym Aufbruche die Gegend des Lagers an. Daher beym Aufbruche des Lagers allemal trommetet, bey der Versammlung aber schlecht geblasen wurde.

Das sogenannte Schlechtblasen war ein gleicher und ungebrochener Schall, da nemlich in einem gewissen Tone ziemlich lange ausgehalten wurde, welches ein Zeichen der Gemüthsruhe vorstellte: l) dahingegen das Trommeten ein gebrochener und modulirter Klang war, wenn mit verschiedenen Tönen abgewechselt und geschmettert wurde; welches einen freudigen und kriegerischen Affect anzeigte. m)

Hierbey ist noch zu bemerken, daß das Schlechtblasen mit einer allein, und auch mit zwoen zugleich geschähe: das Trommeten aber allemal mit zwoen ver-

h) Im 4 Buch Mos. Cap. 10, 2.
i) cit. l. B. v. 4.
k) V. 5 und 6.
l) Roschi Hasch. Cap. N. 2.
m) Memon in H. Schophar Cap. III. §. 4.

verrichtet wurde. Dieser Unterschied war um so mehr nöthig, damit ein jeder sogleich aus dem Schalle dessen Bedeutung verstehen konnte. Und obgleich die Stiftshütte, beym Aufbruche des Lagers, auf das erste Blasen pflegte auseinander genommen zu werden, so konnten die Priester doch binnen der Zeit vier besondere Zeichen mit den Trompeten geben, damit ein jeder Haufe des Volks sich versammeln und in Ordnung stellen konnte.

Die Anordnung dieser trommetenden Priester geschahe ordinair von dem Hohenpriester Eleazar. Und im Kriege stunden sie unter dem Feldpriester, der zum Kriege gesalbet und geweyhet war. n)

Ihre Oerter und Stellen waren nach den Gelegenheiten unterschieden; denn ordinair stunden sie bey der Stiftshütte, wo der Priester sein Amt verrichtete. Nachdem aber im Lager keine Stiftshütte mehr war, bliesen sie vor dem Zelte des Heerführers. Niemals aber findet man, daß sie auf der Singebühne, bey den andern Leviten, die zum Singen und Spielen bestellt waren, gestanden hätten — denn die trommetenden Priester waren fast allezeit um und bey dem König, trugen eine prächtige Kleidung, o) und waren damals von den andern und gemeinen Hornbläsern, welche nur ausser dem Tempel auf ihren Posaunen und Widderhörnern blasen durften, ganz abgesondert; daher wurden jene mit dem Namen heilige Trommeter belegt. Wenn die Ebräer im Kriege von dem Feinde angriffen wurden, stunden die Priester ganz voran an der Spitze der Schlachtordnung. p) Und bey dem Opfern an dem Tische auf zwo Säulen, oder auch bey der Lade des Bundes. q) Man sehe hierüber M. Semler, in seinem Tractat von den Antiquitäten, in Frag und Antwort.

Die Ursachen, welche sie bewogen, die Trommeten zu blasen, waren etwa folgende, als: 1) die Gottheit zu verherrlichen. 2) Dadurch anzuzeigen, daß sie ein heiliges Volk r) und die Krieger des Herrn wären, s) 3) Die

Krie-

n) 4 Buch Mos. 31, 6.
o) 2 Buch Mos. 28 und 39.
p) 2 Chr. 13, 12.
q) 1 Chr. 16, 6.
r) 5 Buch Mos. 19, 6.
s) 1 Sam. 18, 17. und Cap. 25, 28.

Krieger dadurch beherzt und feurig zu machen. t) 4) Das Gebet mit dem Klange zu vereinigen. u) 5) das Volk an die Gegenwart und den Beystand Gottes zu erinnern, und den Streit im Vertrauen auf ihn anzufangen. v) Hier sollten sie den Trommetenschall nur als ein äusserliches Zeichen zur Versicherung des göttlichen Beystandes ansehen.

Anfänglich brauchte man die silbernen Trompeten nur bey der Stiftshütte und im Lager; als aber die Israeliten vierzig Jahre nachher in das Land Canaan kamen, binnen welcher Zeit die Anzahl der Priester sowol als der Trompeten sich vermehrt hatte, bedienten sie sich ihrer auch bey Freudenfesten und andern Lustbarkeiten.

Der König Salomon, wie Josephus erzählt, w) soll zwanzigtausend Stück zum Dienste des Tempels zu Jerusalem haben verfertigen lassen, auf welchen aber nur die Priester blasen durften, welche Anzahl aber dem Dachsio ad Succa x) billig übertrieben und verdächtig scheinet.

Bey allen übrigen Solennitäten wurden sie geblasen, als: 1) bey den gesetzten Festen und Neumonden, weswegen sie auch Trommetentage genennt wurden; y) 2) bey den Opfern, welches ordinair täglich achtzehnmal geschahe, neunmal beym Morgen- und neunmal beym Abendopfer; z) desgleichen auch bey den Speiß-Trank- und Brandopfern; Hier war das Getöne anfangs gleich, hernach gebrochen und zuletzt wieder gleich, wie im Tempel; a) 3) Bey Aufrichtung und Erneuerung des Bundes mit Gott; 4) Beym öffentlichen Gottesdienste überhaupt, und besonders beym Singen der Psalmen, welche gewöhnlich in drey Stücke abgetheilet waren; da sodann die Priester zwischen je-

t) 2 Chr. 13, 12.
u) 2 Chr. 13, 14.
v) 4 Buch Mos. 10, 9.
w) l. VIII. c. 2.
x) C. X. m. 4.
y) 4 Buch Mos. 29, 1.
z) Tamid. C. VII. m. 3.
a) Raschi ad Succa C. V. m. 5.

jedem die Trompeten bliesen. Dieses geschahe vorzüglich beym Worte Sela, welches eigentlich eine Verwechselung der Melodie anzeigte, und nicht weniger bey dem Worte Amen, das als eine göttliche Zusage und Versicherung ihrer Bitte von dem Volke aufgenommen wurde; b) welches alsdenn auf das Angesicht vor Gott zur Erden niederfiel. 5) Bey königlichen Krönungen. 6) Bey Abführung der Bundeslade aus dem Hause Abi Nadab nach Obed Edom, bliesen sieben Priester auf einmal mit Trommeten. 7) Bey Einweihung des Tempels Salomons ließ dieser König ein hundert und zwanzig Priester zugleich blasen.

Die Posaunen und Widderhörner wurden zwar bey verschiedenen aber weit geringern Vorfällen geblasen, als: 1) bey einigen kleinen Festen, sonderlich am Neumonde und Neujahrsfeste; dieses fiel am ersten Tage des Monats Tsri, welcher der erste Monat des bürgerlichen Jahres war; wie auch bey Verkündigung der Jubel- und Feyerjahre. 2) Den Sabbath hierdurch anzudeuten. Hier pflegte der Schulobriste (Chazan) zu Anfang und Ende des Sabbaths, gewöhnlich von einem erhabenen Orte herunter zu blasen; wovon bey uns das Thurmblasen noch herrühren soll. c) 3) Bey Austheilung des Almosens ließen die Pharisäer gemeiniglich mit einem gebrochenen Schall vor sich her blasen, damit sich das Volk versammeln sollte. d) 4) Bey der Excommunication; denn als Jesus Hannozeri von der Gemeinde ausgeschlossen wurde, ließen sie vierzig Posaunen zugleich blasen. e) Da auch der König Juda über einen Menschen zornig ward, daß des Juda Sohn Ezechiel und der Academie Präses, Fleisch auf dem Markte genommen hatte, ließ er die Posaunen blasen und excommunicirte denselben. f) 5) Wenn jemand sollte umgebracht werden, machten sie es durch den Posaunen Schall bekannt. 6) Bey Eröfnung der Thore, welches täglich dreymal geschahe. g) 7) Bey der Belagerung bliesen

b) S. des Cardin. Ioannis Bonae divin. Psalmod. c. 16. §. 17, 5.

c) l. IV. c. 9.

d) Matth. Cap. 6, 2.

e) Sanhedrin und Scharow. fol. 36, Kidrasch c. IV.

f) Lund. Iud. f. c. V.

g) Diodor sic. l. VI.

Erster Theil.

fen fie lerm. 8) Wenn ſie von den Feinden angegriffen und überfallen wurden, blieſen die Wächter auf den Mauern und bey der Wache im Lager lerm, mit Widderhörnern. 9) Bey allgemeinen Landplagen und in trübſeligen Zeiten. 10) Beym Aufruhr. 11) Beym Siege Gideons haben dreyhundert Iſraeliten zugleich mit Poſaunen geblaſen. h)

Nach der Zeit iſt das Trompetenblaſen auch bey andern Völkern, als den Griechen, Römern, Galliern oder Zelten und endlich, wiewel ziemlich ſpäte, auch bey den Deutſchen bekant geworden. Orichondas brachte ſie nach Griechenland, und erwähnter Dyrtäus von den Athenienſern zu den Lacedämoniern. Dieſe gebrauchten ſie: 1) die Gemeinde zu berufen, wie Propertius ſagt: buccina cogebat, priscos ad verba quirites. 2) Dem Volke ein Zeichen zum Kriege zu geben, wie Virgilius ſagt: bella dat ſignum rauca Aventum buccina. 3) Beym öffentlichen Gottesdienſte und Opfern, und ſonderlich dem bekannten Abgott Moloch zu Ehren, wurde geſungen und mit Trompeten geblaſen, theils das Volk zu erfreuen, theils auch das Mordgeſchrey der verbrennenden Kinder dadurch unhörbar zu machen. 4) Die Götter zu verſöhnen, wie Specerus aus den alten Scribenten zeiget. Anſtatt derſelben bediente man ſich vorher im Kriege auch der Pfeifen und Flöten, wie Thyrcydides und Halicarnaſſus lehren.

Den Gebrauch der Trompete bey den alten griechiſchen Völkern, ſowol im Kriege, als bey den Olympiſchen Streitſpielen und andern Gelegenheiten, erſehen wir aus verſchiedenen Nachrichten. Die alten Macedonier griffen, unter Anführung des großen Alexanders, die feindliche Armee und erſten Städte unter Trompen Schalle an. i) Homer berichtet, daß man ſie in der troianiſchen Belagerung gebraucht habe, welches ſonderlich aus dem ſinnreichen Gedichte des ſogenannten Froſch- und Mäuſekrieges, wie auch an verſchiedenen griechiſchen Trompetern, als dem Agyrtes, Herodorus, Miſenus, Olympus Phrygius und Stentor, die ſich bey dieſer Gelegenheit vorzüglich ausgezeichnet und in einem beſondern Kapitel vorkommen werden, zu erſehen iſt.

Die Pythiſchen Schauſpieler ahmten auf der Trommete durch einen gewiſſen Schall (Otondismus genannt) das Zähneknirſchen des Drachens nach,
ge-

h) Buch Richter 7, s. 16.
i) C. Curtius Rufus.

gegen den der Gott Apollo mit langsam sich ihm nähernden Schritten stritte. k)

Bey der Regierung der griechischen Kayser zu Constantinopel war es ehedem gebräuchlich, daß, wenn er etwa aus und durch die Stadt ritte, die Trompeten und Heerpaukken sich vor ihm her hören liessen, in der Absicht, daß ein jeder seine Klage und Noth dem Monarchen selbst beybringen könnte. l)

Auch muß das Ansehen der griechischen Trompeter und Paukker groß gewesen seyn, m) indem sie sogar zu Constantinopel gewisse Comites buccinatorum gehabt haben, n) welche sonst auch Comitiva betitelt werden, welche Würde höher war, als die der Tribunen.

Lipsius o) erzählt, daß auch die vornehmsten Römer sich der Trommete bedienten. Er sagt: tuba digniores tantum canere solebant. Denn die Trompeter und Paukker hatten vorzügliche Freyheiten und Rechte, und der solenne Gebrauch ihrer Instrumente war zwar verschieden, aber doch nicht gemein. Sie bedienten sich ihrer: 1) beym öffentlichen Gottesdienste, und deswegen hieß die Trompete bey ihnen ein geheiligtes und abgesondertes Instrument, und ein solcher Trompeter hieß ein vornehmer Musikus oder abgesonderter Trompeter; so sagt Suidas beym Lipsius: c. l. tuba sacrum hoc instrumentum nam sacerdos utebantur tuba. Sie brauchten 2) den Trompetenklang auch bey der Tafel des Kaysers. 3) Bey der Armee und besonders im Felde als ein Kriegsinstrument zu mancherley Umständen. Denn, wenn die röm. Kayser und Feldherren an das Kriegsheer eine Rede thun wollten, wurde es vorher durch Trompeten und Paukkenschall öffentlich bekannt gemacht. Eben das geschahe auch, wenn sie eine Stadt mit stürmender Hand eroberten, und die Stadtmauern schleiften. Hier brauchten sie mehr die gekrümmten, dort aber die geraden Trompeten. Nicht weniger hielten die röm. Heerführer ihre Siegesfeste unter

C 2

Trom-

---

k) Voß. l. III. Instit. poet. C. 13. Poll. Onom. l. IV. Cap. 10.
l) S. D. Scrivers Seelenschatz.
m) Bulengerus de imperio Rom. l. VIII. p. 677. lit. I.
n) cit. l.
o) id. l. IV. c. 24. p. 471. l. VI. cap. 48. p. 597. lit. d.

Trompeten und Pauckenschalle, wie uns Athenäus und Polybius davon berichten. 4) Bey den Hochzeiten großer Standespersonen; Bulengerus sagt: in nuptiis tubarum usu frequens; und 5) bey andern Solennitäten.

Zu **Rom** wurde jährlich das Trompeter=Fest, (Tubilustrium) feyerlich begangen, wenn nemlich im Monat April und zwar den letzten Tag der Quin**quatriorum, die** Trompeten, die man bey den Opfern gebrauchte, öffentlich geblasen wurden, welches gewöhnlich mit Opferung eines Lammes geschahe. p) Den 23ten May feierten es die Trompeter selbst. Diese thaten es dem Vulkan, jene der Minerva zu Ehren, welche Ceremonie Palantius aus Arcadien mit dahin gebracht haben soll. q)

Die Heiden feierten das Fest der Göttin Cybele, worunter sie die Erde, welche alles träget und ernähret, verstunden, ebenfalls mit Trompeten und Paucken. r)

Nach ihren dunkeln Begriffen von der Gottheit glaubten sie, **daß, je höher ein Gott** oder Göttin sey, man auch ihre Feste durch **desto herrlichere** Musik verehren müsse.

Endlich gebrauchte man sie in der Trauer und bey Leichenbegängnissen junger Personen von Stande, mit Accompagnement der Flöten, worzu die Trauerlieder (Mänanias) gesungen wurden; doch thaten dies nicht sowol die Trompeter, die in Kriegsdiensten waren, und auf silbernen Trompeten bliesen; als vielmehr die sogenannten Todtenpfeifer (Siticines), welche größere **Trompeten,** von schlechterm Metalle hatten, und von den Kriegstrompetern nicht recht für ehrlich gehalten wurden, weswegen sie auch gar keine Gemeinschaft mit ihnen machten. s) Denn obgleich schon damals das Amt der Trompeter und Paucker bey den Römern nicht mehr so ansehnlich war, wie bey den Ebräern, so hatten doch die bey der Armee mehr Ehre und Freyheit als die andern. t)

Uns-

p) In D. Mayers unvorgreiflichen Gedanken über die Kirchenmusik, C. 2, p. 13. wird der 13 März angegeben. S. auch Schöttgens Antiquitäten Lexicon.
q) Neapol. ad Ovid. l. ante c.
r) Silius ital. l. XVII. et Ovid. l. III.
s) Aulii Gell. l. XX. c. 2.
t) Lips. de milit. rom. l. IV. dial. 10.

Unsere alten Deutschen wußten damals von Trompeten und Pauken noch nichte, sondern sie bedienten sich an deren Statt der Auerochsen- und Büffelhörner. Und da sie sehr stark und mit vollem Munde bliesen, so sollen sie einen fürchterlichen kerm damit gemacht haben. u)

Nachdem aber die Deutschen durch die mit andern Völkern geführten Kriege auch ihre Sitten und Gebräuche annahmen, so führten sie auch Trompeten und Pauken ein.

Bey den Franzosen war dies früher Sitte. Tournierspiele und andere Solennitäten machten den Anfang damit. v)

Meine Absicht ist nicht, mich in eine weitläuftige historische Beschreibung einzulassen, sondern nur noch kürzlich zu erweisen, daß die Blasinstrumente bey uns wahrscheinlich einige Zeit nach Einführung der christlichen Religion gebräuchlich geworden sind. Schubart w) führt an, daß dieser Trompetenschall in dem alten Schlosse zu Bacherach oder Staleck, auf welchem sonst zu Karl des Grossen Zeiten, die uralten Pfalz Grafen residirten; (wovon es noch heutiges Tages der Kaiser-Stuhl bey Rheinsee heißt), gehört worden sey; da steht ausdrücklich: „man hat die Trompet geblasen, wann von „nöthen, so haben vier der rheinländischen Fürsten, ein jeder in seinem „Lande, es hören können."

Den Gebrauch derselben bey den deutschen Tournieren ersiehet man auch in Fuggers x) Erzählung; „als," sagt er, „im Jahr 1495 Maximilian I. „mit dem französischen Ritter Claudius von Berre um eine ritterliche Ge„fängniß fochte, kamen sie am bestimmten Tage zusamm, keiner redete ein „Wort, und als die Trompeter zum drittenmal aufbliesen, legten sie die Lan„zen ein, und ritten gegen einander." u. s w. Bis dahin haben die Kunstverwandte ihr Ansehen immer noch zu erhalten gesucht, und sich von andern gemeinen Musikanten und Pfeiffern unterschieden, indem sie entweder an Fürstlichen Höfen, als

u) Diod. Sicul. L. VII.
v) Pistoris cil. I. dissert. V. p. 105.
w) In s. Spicileg. antiq. pulat. p. 137.
x) Im Ehren-Spiegel, L VI. c. 22.

als Hofbediente, (Ministeriales principis) die zum Fürstlichen Hofstaat (corpus domini) gehören, unter der Aufsicht des Hofmarschalls stunden; oder auch als Kriegsbediente bey der Armee dienten. Es wurde daher im Jahr 1426 als ein besonderes Kennzeichen der Gnade angesehen, daß der R. Kayser Sigismund der Stadt Augsburg damals das Privilegium gab, Stadttrompeter zu halten, da sich andere freye Reichsstädte immer noch mit Thürmern behelfen mußten. y) Nachher erhielten mehrere Reichsstädte auf geschehenes Ansuchen diese Kayserliche Conceßion. Der Adeliche Rath zu Nürnberg hält etliche Stadttrompeter, welche zugleich in der dasigen Capelle musiciren.

Ehedem stunden die Trompeter und Paukker unter der unmittelbaren Jurisdiction der Fürsten. z) Späterhin verlohr sich dieses Recht, bis es Kayser Karl V und Ferdinand I nach verschiedenen von jenen darüber geführten Beschwerden durch einen Reichsabschied 1528 herstellte. Kayser Ferdinand II ertheilte ihnen 1623 ein besonders Reichs-Privilegium, sowol in Ansehung und Erlernung ihrer Kunst als auch ihres Ranges, welches 1630 erläutert und bestätiget wurde, wovon das Vorzüglichste unten vorkommen wird.

Kapitel III.

Von dem heutigen Gebrauche Nutzen und Wirkung der Trompete.

Der heutige Gebrauch dieser Blasinstrumente hat mit dem alten gewissermaßen eine große Aehnlichkeit.

Der Unterschied beruhet ebenfalls:

1) In der Art und Weise, wie sie geblasen werden.

2) In der Anzahl derselben;

3) In den Gelegenheiten, und

4)

---

y) S. Sprenger in delineat. Stat. Imper. p. 444.

z) Kanzler Ludwig in Germ. princ. l. III. c. 4.

4) In den Personen, die es verrichten. Von allen soll kürzlich gehandelt werden.

Die verschiedene Art dieses Klanges hieß bey den Ebräern, wie oben gezeigt worden ist, Trommeten und Schlechtblasen. Bey uns wird es Feldstück- (worunter auch das Prinzipalblasen begriffen) und Clarinblasen genannt, folglich ist die Art und Weise des Trompetenschalles, wie bey den Alten, zweyerley. Jenes, das Trommeten, kann eine große Aehnlichkeit mit unsern heutigen Feldstücken gehabt haben, weil wir wissen, daß es ebenfalls ein gebrochener und modulirter Klang war, ob sie es gleich vielleicht nicht so künstlich ausdruckten, wie wir zu thun pflegen. Das Schlechtblasen, aber oder das lange Aushalten in einem Tone, ist bei uns nicht mehr im Gebrauch.

Unsere dreymal gewundenen langen Instrumente haben vor jenen den Vorzug, daß wir auf ihnen durch das Clarinblasen in der Höhe verschiedene Melodien hervorbringen, und zwar durch Hülfe der Noten, mit mehreren Trompeten zugleich, sechs bis achtstimmig, so, daß eine jede Stimme ihre besonders abwechselnde Melodie hat, und zu andern Instrumenten mit Harmonie können gebraucht werden.

Das Clarinblasen mit einer **Trompete** nennt man ein **Solo**, mit zween zugleich **Bicinium**, mit dreien **Tricinium**, mit vieren **Quatricinium** u. s. w.

Das **Feldstück** aber behält allemal seinen gewöhnlichen Namen, ob es gleich mit mehrern zugleich geblasen wird. Denn wenn z. E. in Garnison nur ein einziger Trompeter oder im Feldlager alle zugleich bey der Armee Reteraitte oder ein ander Feldstück blasen, so ist und bleibt es das nämliche Feldstück, und bekommt hierdurch keinen andern Namen.

Laut der R. K. Reichsprivilegien, sollen gelernte Trompeter und Paucker ihre Instrumente nur bei öffentlichen Feierlichkeiten; jedoch nie in Gemeinschaft mit Ungelernten, bei hoher Strafe, gebrauchen.

Dieses Verbot gehet soweit, daß sie sogar in der Kirche mit den Stadtpfeiffern, weder die Trompete blasen, noch die Paucken schlagen dürfen. Andere Instrumente aber mit ihnen gemeinschaftlich zu blasen und zu spielen, stehe ihnen jederzeit frey.

Von

Vom besondern Nutzen und Wirkung der Trompete.

Ob nun zwar **unsere** heutige Feld- und Kriegsmusik überhaupt ihren besondern Nutzen hat, so behalten doch die marzialischen Trompeten und Paukken, wegen ihres schmetternden und heroischen Klanges, ohnstreitig den Vorzug vor allen andern, sowol den Feind zu erschrecken, als auch die Reuterey durch ihren pathetischen Klang kühn und beherzt zu machen. Schmidt:[a] druckt sich hierüber so aus:

> Sie frischet Helden an, entflammt Armee und Schlacht;
> Und bläst sie Marsch, so rückt man voller Muth,
> An Feind Gefahr und Blut.

Der bekannte Dichter Horaz[b] schreibt ihnen einen zum Zorn und Raserey verleitenden Affect zu: „Und," sagt er, „der Göttin Cybele Priester, „die Coribanthes, werden nicht so sehr eingenommen und rasend gemacht „bey ihrem Getöne der Trompeten und Zymbeln, als der Mensch von dem „schädlichen Zorn."

In der achtzehnten Ode findet man die Stelle: „O Gott, **wende von** „mir deine zum grausamen Rasen verleitende Trompeten und Paukken."

Da die Trompete, vermöge des harten Dreyklanges, den sie ihrer Natur nach in sich hält, auch Freude und Vergnügen erwecken kann, bläst man sie auch am Feste des Bachus und der Venus. Horaz[c] sagt einmal, da er eben vom Weintrinken redet: „warum unterläßt man schon auf Trompeten und Po„saunen zu blasen?"—

Fürchterlich und schrecklich aber ist der Schall der Trompete, wenn er den nahen Anmarsch des Feindes verkündet, wenn der Feind durch einen Trompeter die belagerte Stadt zur Uebergabe auffordert, oder sie, unter **dem** Getöse der Kriegstrompete, mit stürmender Hand einnimmt. Eben so macht auch das Allarmblasen auf ein schwächeres Korps, das von einem stärkern überrumpelt und eingeschlossen wird, einen angstvollen Eindruck.

Durch

---
a) In s. Theol. Mus. p. 283.
b) In l. I. Ode 16.
c) cit. l III. Ode 19.

Durch diese ungewöhnliche Musik, deren sich viele, in alten und neuen Zeiten, als einer Kriegeslist bedienet haben, sind auch manchmal wichtige Siege davon getragen worden. Als im siebenjährigen Kriege, dem ich selbst beigewohnt, ein beträchtlich feindliches Corps ein weit geringeres und schwächeres bey dunkler Nachtzeit überfiel und abschneiden wollte, wurde es durch den oft, von verschiedenen Gegenden her, veränderten Trompetenschall, völlig zurück und in die Flucht getrieben, indem der Feind fürchtete, daß Succours herbei eilte.

Endlich ist hier noch anzuführen, daß Kayser Joseph II. 1774 die Trompeten und Paukken auch bei den Dragoner Regimentern durchgängig einzuführen, geruhet hat, welchem nachher der König von Preussen und Churfürst zu Sachsen folgten. In denen neuern Feldzügen der Preussen aber wurden die Paukken bey der ganzen Cavallerie abgeschaft.

Kapitel IV.
Von den Vorzügen der privilegirten Trompeter und Paukker überhaupt.

Der Name Trompeter kommt ohne Zweifel von dem Instrumente her, welches er bläset. Daher begreift man unter einem gelernten Trompeter denjenigen, welcher die Trompete als ein musikalisches Kriegs- und Staatsinstrument nach den Regeln der Kunst erlernt hat, und sie, nachdem er von einer röm. Kayserl. privilegirten Cameradschaft dazu für tüchtig erkläret wird, ausübet. Eben so verhält es sich mit dem Paukker, denn, da die Paukken den Baß oder das Fundament dieser heroischen Musik vorstellen, so sind auch diese Künstler so genau mit einander verbunden, daß sie in einer geschlossenen Zunft und gleichem Range stehen.

Diejenigen Kunstverwandte, welche den R. Kayserl. Privilegien gemäß leben, und bey einem dergleichen diese Künste erlernen, heissen demnach privilegirte oder gelernte; und können als solche bey Hofe sowol als bey einem Regimente angestellt werden, in Kays. Königl. Chur- und Fürstl. Dienste treten, und bei allen solennen

Gallatagen, bey Kayser-Krönungen, Tournieren u. dergl. mit ihrer Kunst aufwarten: dahingegen andere, die nicht auf vorbeschriebene Art dieses Metier erlernen, und sich an einem Hofe oder bey einer Armee ausser dem R. Reiche befinden, schlechtweg Ungelernte heissen, und eben daher unter uns nicht geduldet werden.

Unterschied derselben.

Demnach **theilen sich nun** dieselben in zwey Hauptklassen, als in Hof- und Feldtrompeter oder Paukker. Sonst könnte man sie auch in mehrere Nebenklassen abtheilen, weil es unter ihnen Garde-Landschafts-Stadt-Schiffs- und andere Trompeter giebt, wovon weiter unten.

Von den Hoftrompetern.

Dergleichen Hoftrompeter und Paukker sind nicht nur am R. Kays. Hofe zu Wien, sondern auch bey den meisten geistlichen und weltlichen Chur- und andern Reichsfürsten, die daselbst ihre Verrichtung auf verschiedene Art haben. **Herr von** Seckendorf rechnet sie mit zum Staate eines Fürsten, **denn** ausser, daß der Klang der Trompete solenner und erhabener, (vorzüglich im Freyen) sich ausnimmt, macht ein grosser Herr auch viel Aufsehen, wenn er ein oder zwey Chöre in **prächtiger** livree gekleidete Trompeter und Paukker, mit silbernen Instrumenten **aufstellen** kann, die bey Galla- und Freudentagen das menschliche Herz durch ihre hinreissende Musik jedes Affects empfänglich machen.

Hat auch ein Fürst eine noch so gute Capelle, Jägerey, Marstall und andere dergleichen Ministeriales, und hält nicht wenigstens ein Chor Trompeter und Paukker; so scheinet, meines Erachtens, an der Vollkommenheit seines Hofstaats etwas zu fehlen.

An dem Chursächs. Hofe zu Dreßden sind acht Trompeter und ein Paukker, **und** zur Zeit des Königs von Polen waren deren zwölf mit zwey Paukkern. **Die drey** geistlichen Churfürsten, zu Trier, Cöln und Maynz, wie auch Pfalz-Bayern, **zu** München und Mannheim, nicht weniger die Hochfürstl. Höfe, zu Cassel, Darmstadt, Anspach, ehedem Würzburg, Haag, Stutgard, Braunschweig, Sachsen Weimar, Sachs. Gotha, Schwarzburg-Sondershausen u. a. m. hatten durchgängig acht, und kleinere Höfe vier Hoftrompeter und einen Paukker.

Der Berliner Hof schafte sie 1713, beym Antritte der Königl. Regierung Friedrich Wilhelm I. gewisser Ursachen halber ab, weil sie es selbst verschuldet haben. Bey der Königl. Garde du Corps und Gensd'armes werden sie jedoch ereignenden Falls wieder ersetzt.

Die vier benachbarten Anhaltischen Höfe: Zerbst, Dessau, **Köthen** und Bernburg, haben sie gleichfalls abgeschaft.

Von den Trompetern und **Paukkern** an den Höfen anderer europäischen Mächte, als zu St. Petersburg, Constantinopel, Lissabon, Madrid, Versailles, London, Koppenhagen, Stockholm, Warschau, Neapel, Turin, wie auch bey den Fürstl. Höfen in Italien, und unter deren Armeen, schweige ich hier, weil sie nicht durchgängig in unsere Zunft mit gehören, und führe nur noch an, daß die Hoftrompeter und Paukkerstellen oft mit andern ansehnlichen Bedienungen von Bedeutung verknüpft sind. Einige darunter bekleiden die Stelle eines Hof-Cammer- und Reisefouriers, welche an kleinen Höfen oft zusammen verbunden, an größern aber separirt sind.

Deren Verrichtungen bestehen gemeiniglich darinnen:

1) Die Abgesandten zur Audienz einzuholen.
2) Diese sowol als andere Große zur Tafel einzuladen.
3) Auf der Reise die herrschaftlichen Quartiere vorher zu reguliren.
4) Die Aufsicht, sonderlich währender Tafel, über die Livreebediente zu haben.
5) Werden sie auch in wichtigen Angelegenheiten versendet, weshalb ihnen auch gewöhnlich ein Reitpferd **gehalten wird**, wie v. Seckendorf in seinem Fürstenstaate anführet.

Andere werden bey der Capelle und Cammermusik mitgebraucht und bekommen daher gemeiniglich den Namen Cammer- oder Concerttrompeter. An einigen kleinen Höfen verwalten etliche oder die meisten davon die Stelle eines Küchen-Keller-Jagd- oder Forstschreibers; z. B. am Hofe des gefürsteten Abts von Corvey, d) wo Einer daneben den Dienst eines Hoforganisten mit verrichtete.

---

d) Corvey an der Weser, ohnweit dem Städtchen Hexter.

Die Verrichtungen der Hoftrompeter sind nach Beschaffenheit der auswärtigen Höfe sehr verschieden. Berckenmeyer in seinem Antiquario schreibt: daß wenn der König von Portugall ausfahren will, läßt er es vorher gewöhnlich durch Trompeten in den Strassen, wo er durchpaßiret, bekannt machen.

Vor dem Doge, oder Fürsten zu Venedig, gehen allemal acht in prächtiger Livree gekleidete Trompeter und ein Kind, das eine weiße Fahne in der Hand trägt, vorher.

Ferner wird auch an vielen großen Höfen Krieg und Friede durch Trompeten und Paukkenschall verkündet. Z. B. 1768 zu Petersburg, der Krieg wider die Ottomannische Pforte. Auch die Wahl des Röm. Kaysers wird allemal mit Trompeten und Paukkenschall öffentlich bekannt gemacht.

Die übrigen gewöhnlichen Verrichtungen bestehen etwa in folgenden, als:

1) Daß sie des Mittags und Abends zur Tafel blasen, welches entweder von Einem allein, nach Art eines Feldstücks mit schmetternder Zunge, oder auch von allen zugleich nebst den Paukken mit gewöhnlichen Aufzügen, geschieht, damit sich ein jeder darnach richten könne. Am S. Weißenfelß. Hofe, wo ich erzogen bin, ward jenes täglich durch Einen, der die Woche hatte, verrichtet: dieses geschahe des Sonn- und Festtags nach geendigtem Gottesdienste von allen zugleich. Desgleichen auch ausserordentlich bey gewissen Gallatagen und Solennitäten. Jedoch ist an den meisten Höfen der Hof- und Cammerfourier, anderer vielen Verrichtungen halber, davon frey, es wäre denn, daß er hierbei gar nicht zu entbehren wäre, so, wie der Cammer- oder Concerttrompeter von dem wöchentlichen Tafelblasen billig verschont bleibt, indem er sich sonst den feinen und subtilen Ansatz zu dem Clarin, des Schmetterns wegen, verderben würde; wie denn auch diese meistens in höherer Besoldung, als die andern stehen, auch wol in der Montur ausgezeichnet sind, oder in eigner Kleidung, gleich den andern Virtuosen, gehen.

2) Musiciren sie, wenn die Herrschaft in Procession zur Assemblee kommt.

3) Bey verschiedenen Solennitäten, Ritterspielen und Tournieren;

4)

4) Machen während der Tafel zwey, drey oder vier Trompeter zugleich ein Bicinium, Tricinium und Quatricinium.

5) Wird beym Gesundheitstrinken Touche geblasen und geschlagen.

Von den Stadt Trompetern.

Ich habe oben gesagt, daß im Jahr 1426 die freye Reichsstadt Augspurg zuerst vom Kayser Sigismund die Freyheit erhielt, Trompeter zu halten; nachher auch Nürnberg, Frankfurt am Mayn, Hamburg, Lübeck und dergl. Diese werden zugleich als Musiker in die dasigen Capellen angestellt, und bekommen bis zu 800 Mk. Lüb. d. i. beinahe 300 Rthlr. Besoldung.

Landschafts Trompeter und Paukker

giebt es in den N. Oesterreichischen Erblanden; wo sie in gewissen Kreisen und Aemtern ihre Bedienungen haben, übrigens aber zur ordentlichen Zunft mit gehören. Sowol diese, als die folgende Benennung Hadtschier, finde ich mir in der Unterschrift einer alten Urkunde, Wien 1706. Merkwürdig ist zugleich, daß zu solchen Bedienungen eines Hof = Stadt = und landschafts= Trompeters nicht leicht jemand gelangt, der nicht vorher als Kriegstrompeter zu Felde gedient hat. Allenfalls ein Hoftrompeter Söhnchen, durch Vorspruch seines Vaters.

Das Wort Hadtschier ist ein uralter Terminus, und heißt eigentlich die K. Kayserliche Leibgarde zu Pferde; hier aber so viel als Gardetrompeter und Paukker. Gleichwie nun aber jede Garde, in Ansehung des Soldes, Montur und Ranges **vor andern** Regimentern einen Vorzug hat, mag es **wol hier mit den Kunstverwandten auch seyn**, weil sie zugleich die nächste Anwartschaft zu den vacanten Stellen bey Hofe haben.

Von den Feldtrompetern.

Ein Feldtrompeter ist eigentlich derjenige, der zu Kriegszeiten bey der Cavallerie gedient, **und wenigstens einem Feldzuge**, mit Zug und Wachten (und noch besser mit Verschickungen an den Feind) beygewohnt hat, daher darf kein anderer, bey Hofe oder beym Regimente, sich Feldtrompeter unterschrei=

ſchreiben, oder einen Scholaren in die Lehre nehmen, auch ſogar kein Hof-
und Kammerfourier, oder Concert- und Kammertrompeter, laut ihrer Artikel
und Gerechtſame. Daher heißet dieſer bloß Hoftrompeter oder Paukker;
wiewol er auch die Stelle eines Hoffouriers oder eines Kammer- und Concert-
trompeters mit verrichten kan, ohne zugleich ein Feldtrompeter zu ſeyn Und
jener beym Regimente iſt ein bloßer Trompeter oder Paukker; indem das
Wort Feld unter ihnen wie ein Ehrenwort anzuſehen iſt, das ſich die Vorfahren
mit Darſtreckung ihres Leib und Lebens, worauf ſich eigentlich die R. Privilegia gründen, erworben haben.

   Man hat auch bey einigen Armeen Stabstrompeter, welche eher
Staatstrompeter heiſſen könnten, weil ſie mehr zum Staate, als zur Noth-
wendigkeit dienen.

   Die Verrichtungen der Feldtrompeter werden hernach in einem beſondern
Kapitel von den Feldſtücken vorkommen.

Beſondere Gebräuche der Unterſchrift.

   Noch iſt zu bemerken, daß die Aelteſten der zwey Haupt Kammeradſchaf-
ten zu Wien und Dresden, den Titel eines Obriſt- oder Ober-Hof und
Feldtrompeters führen; wie denn auch jene zu Wien nur Aſſeſſores der R. K. Reichs-
Privilegien ſind, wovon ich eine alte Urkunde, Wien vom 15ten May 1706
in Händen habe, in welcher ſie ſich in der Unterſchrift den Titel beilegen.
Bey den Zuſammenkünften eines Aufdingens oder Freyſprechens, wobei Kunſtverwandte von verſchiedenen Höfen und Armeen zugegen ſind, bedienen ſie ſich
bei der Unterſchrift, laut ihrer Privilegien, folgender Ordnung: Zuerſt unterſchreibt
ſich der Lehrherr des Scholaren, er ſey nun ein Feldtrompeter oder Paukker,
ihm folgen die R. Kayſerlichen Trompeter und Paukker, dieſen die Königlichen
Chur- und Landesfürſtl. auch Reichsgräfl. Kunſtverwandten; zuletzt die übrigen
Feldtrompeter mit ihren Paukkern. Eben dieſe Rangordnung wird auch beym
Aufdingen und Freyſprechen der Paukker beobachtet, jedoch, daß dieſe hierbey
den Vorzug haben. Auf dieſe Weiſe haben ſie ſich untereinander verglichen,
und dieſe Ordnung bewilligt.

   Ein Schiffstrompeter iſt derjenige, der (er ſey ein gelernter oder
nicht) auf dem weiten Meere ſein Glück verſucht.

Kapitel

Kapitel V.
Von den Vorzügen der gelernten Kunstverwandten insbesondere.

I. Ein Hauptvorzug ist die schon seit 167 Jahren ertheilte Confirmation ihrer Freyheitsbriefe oder Reichsprivilegien, unter den R. Kaysern Ferdinand II. 1623 und 1630. Ferdinand III. 1653. Joseph I. 1760. Karl VI. 1715. Franz I. 1747 und Joseph II. 1767.

Auch confirmirten die Churfürsten von Sachsen, als Erzmarschalls des H. Röm. Reichs Johann Georg I. 1650. Johann Georg II. zur Zeit des Reichs-Vicariats, 1658. Johann Georg III. 1683. Johann Georg IV. 1692. Der König von Polen und Churfürst zu Sachsen Friedrich August I. 1709. Friedrich August II. 1734; und endlich auch der jetzt regierende Churfürst Friedrich August III. 1769 oder 70.

II. Ist es kein geringer Vorzug, daß die Kunstverwandte an Chursachsen, wegen des damit verknüpften Erz-Marschallamtes, ihr eigenes Protectorat haben. Daher lassen auch andere Chur- und Reichsfürsten, in streitigen Fällen unter ihren Trompetern, es auf das Erkenntniß der Obercameradschaft zu Dresden ankommen, nicht weniger ihre Freyheitsbriefe sowol vom R. Kayser, als dem Churfürsten zu Sachsen erneuern und bestätigen; welches hernach erst von den übrigen Chur- und Reichsfürsten, auf Ansuchen ihrer Hof- und Feldtrompeter, ebenfalls geschieht. Und diese Ober-Gerichtsbarkeit erstreckt sich nicht allein über alle Hoftrompeter und Paucker an Chur und Fürstlichen Höfen, sondern auch über alle Kunstverwandte bey Reichsarmeen und Reichsversammlungen, auch in Reichsstädten.

Der Churfürst zu Sachsen, als Mäcenat, läßt gewöhnlich alle zwey Jahr zwey Trompeter-Scholaren, (worunter auch ein Paucker seyn kann), diese Kunst bey einem von den Hoftrompetern oder Pauckern erlernen, und für jeden hundert Rthlr. Lehrgeld aus der Rentkammer auszahlen.

In dem R. Kayserlichen Reichsprivilegio stehen folgende Worte: „doch „soll diese Unsere Ihnen, den Feldtrompetern und Pauckern, gethane Kayser-
„liche

„liche Gnädige Confirmation und Bestätigung obbesagtes Unsers lieben Oheims
„des Churfürsten zu Sachsen Liebden, und Dero Nachkommen, an Ihrem ha-
„benden Rechte und Gerechtigkeit, als der Feldtrompeter und Paucker hohen
„Patron und Richter, ohnpräjudicirlich und ohne beschadet seyn."

Und in dem vom **König von Polen und Churfürst zu Sachsen** heißt es:
„zumal auch die sämmtliche im H. Römischen Reiche befindende Kunstver-
„wandte daran (nemlich an **Chur Sachsen**) verwiesen, und sich derselben
„gemäß durchgehends zu bezeigen pflegten."

III. So ist es auch allerdings als ein Vorzug anzusehen, daß vor allen andern
Musikern, den Trompetern der Erzengel Gabriel, als ein besonderer Patron,
und zwar als ein solcher, der zugleich die R. Kayserliche Residenz beschützt,
vorgesetzt ist, diesem aber die Trompete vorzüglich gewidmet sey. Dieses ist
auch in dem vom R. K. **Ferdinand II.** erneuerten Privilegio 1706 mit
folgenden Worten angeführt: „daß ein jeder Trompeter oder Paucker in
„die Kasse, worunter er **stehet**, jährlich einen Kayserguden zu reichen, wel-
„chen der oberste **Trompeter** im Felde einzufordern und einzuschicken, **schul-**
„**dig seyn soll,** davon **man** aber alle Quatember für die lebendige und
„ihren gedeihlichen Wohlstand zu Ehren des heiligen Erzengels Gabriel als
„unseres Patrons in der Kayserlichen Residenz, und andern hohen Höfen ein
„Lob, **und für die Abgestorbenen ein Seelamt anstellen, oder aber wie es**
„**irgends an den Chur- und Fürstlichen Höfen Gelegenheit der Devotion mit sich**
„**bringt.**" Ja, eben deswegen pflegt man auch noch bis jetzt, zu Ehren dieses
großen Patrons, der Kayserlichen Residenz und ihrer Kunst, jährlich ein Fest
unter Trompeten und Paucken, c) anzustellen. Eben daher kommt es auch
wol, daß die Kunstverwandte, bey einigen Höfen und Armeen an ihrer
Montirung Flügel haben, um dadurch anzudeuten, daß, gleichwie der Engel
den Gruß an die Maria gebracht hat, also auch der Trompeter mit seinem Instrument Krieg und Frieden verkündigen soll. Dies findet man in dem Sächs.
Curiositäten Kabinet angeführt, worinne zugleich von dem zu Wien 1730
celebrirten Trompeter-Jubiläo einige Nachricht ertheilet wird, wo es gerade
hundert Jahr gewesen, daß der R. Kayser Ferdinand II. ihnen die ersten Privilegia ertheilt hat.

IV.

c) S. der prüfenden Gesellschaft zu Halle, fortgesetzte zweyte Abhandlung.

IV. Ein Zeichen ihres Ansehens ist es auch, daß dieses Metier in den Freiheitsbriefen den Namen einer Adelich-Ritterlichen Kunst erhalten; wie denn auch ausdrücklich darinnen begriffen, daß man einen Trompeter oder Paukker einem Officier gleich halten solle. Eben deswegen haben sie auch die Freyheit, gute Straußfedern auf ihren Hüthen, gleich denen vom Ritterstande, zu tragen.

V. Pflegen große Herren und Potentaten, bey Haltung ihres Beylagers, den ersten Tanz gemeiniglich mit Trompeten und Paucken zu begehen. *)

VI. So muß es auch endlich der sämmtlichen Trompeter- und Paukker-Gesellschaft zur großen Ehre gereichen, daß große Herren diese Kunst gewürdiget, sich derselben einverleiben zu lassen.

Der Herzog zu S. Weimar ließ sich 1734 als ein Trompeter den Privilegien gemäß freysprechen, nachdem er vorher seine Probe im Trompetenblasen, in Gegenwart seiner eignen sowol, als fremder hierzu verschriebener Kunstverwandten abgelegt hatte. Sein Lehrer, der Hof- und Kammerfourier Schiel, bekam 100 Spec. Ducaten Lehrgeld, und die versammelte Gesellschaft bestund aus 34 Trompetern und Paukkern; daß es dabei an Feierlichkeiten und Pracht nicht gefehlt habe, bedarf wol keiner Erwähnung.

Ich hätte seinen Lehr- und Freysprechebrief meinem Werke beygefügt, wenn ich irgend Gelegenheit, solchen zu erhalten, gehabt hätte. In Ermangelung dessen, und um meinen Lesern einigermaaßen zu zeigen, was bey dergleichen Gelegenheiten gebräuchlich ist, nehme ich mir die Freiheit, meinen eigenen Aufdinge- und Lehrbrief beyzufügen:

Im Namen der heiligen Dreyeinigkeit, Amen.

Hiermit sey kund zu wissen, daß Ich Johann Caspar Altenburg, Fürstl. Sächs. Cammer-Hof- und Feldtrompeter, aus väterlicher Vorsorge, meinem Sohne, Johann Ernst Altenburgen, die löbliche und rittermäßige Trompeterkunst zu lehren, und bey eines andern Lehrlings Freysprechen, Namentlich Johann Michael Wenckens, von Brüheim, in die Lehre auf und angenommen. Weil mir nun dasselbe, vermöge Allergnädigsten Kayserl. Reichs-Privilegien, nicht allein wol erlaubt, sondern auch sämtliche hiesigen Hrn. respektive Hof- und Feldtrompetern und Heerpaukkern geziemend, vortragen lassen, und Deren selben geneigte Einwilligung, zu dieses meines Sohnes Auf- und Annahme zur

*) Mann sehe die hierbeygefügte Menuet im Anhange.

Erster Theil. E

1661. Trompeterkunst erhalten; als ist nachfolgender Aufdingebrief darüber aufgesetzet worden. Nemlich, zum Ersten: soll gedachter mein Sohn, de dato an, für einen Discipul bey der löbl. Trompeterkunst, bis zum Sechszehaden Jahre beharren, und die Freysprechung nicht eher ergehen. Zum andern, schenke und erlasse ich ihm das gewöhnliche Lehrgeld, der Hundert Reichsthaler, und soll er im Fall, weder der Mutter noch Geschwister davon etwas zu zahlen verbunden seyn. Hiernach wird er drittens, Gott beständig lieben und dienen, auch mir als seinem Vater und Lehrherrn allen ersinnlichen Respekt und Liebe erweisen; wie nicht weniger auch andern rechtschaffenen Cammeraden gerne aufwarten; denn auch seine Informationsstunden abwarten, und sich alle Wege gegen Gott, seine **Vorgesetzten und unsere** Allergnädigst erhaltene Kayserl. Privilegia gebührend aufführen. Da hingegen viertens, Er sich von mir aller fidelen Information und **väterlichen** Education zu versehen und zu gewarten hat. Sollte ich aber nach **Gottes** Willen vor der Zeit mit Tode abgehen, so soll zufördest der Mutter, **hernach** einer löbl. Cammeradschaft, einem andern rechtschaffenen Hof- und Feldtrompeter, denselben gegen eine erleidliche Discretion vollends zu perfectioniren und wehrhaft zu machen, anheim gestellet seyn, alles treulich sonder Gefährde. Urkundlich ist dieser Aufdingebrief von mir und sämmtl. respektive der Zeit allhier bestallten Hof- und Feldtrompetern und Heerpauckern eigenhändig unterschrieben und besiegelt worden. So geschehen in Weissenfels, den 1sten August, Anno 1736.

(L. S.) Johann Caspar Altenburg,
   Fürstl. Sächs. Cammer- auch Hof und
   Feldtrompeter, als Lehrherr und Vater.

(L. S.) Ernst Friedrich Renisch,
   Fürstl. Sächs. Hof- und Feldtrompeter.

(L. S.) Johann Christian Günther,
   Fürstl. Sächs. Hof- und Feldtrompeter.

(L. S.) Christian August Nicolai,
   Fürstl. Sächs. Cammer-Hof- und Feldtrompeter, wie auch geheimder Cammerdiener.

(L. S.) Johann Heinrich Thalacker,
   Fürstl. Sächs. Heerpaucker.

(L. S.) Johann George Tonnhardt,
   Fürstl. Sächs. Hoftrompeter.

(L. S.) Johann Rudolph Altenburg,
   Feldtrompeter.

(L. S.) Johann Elias Urlaub,
   Fürstl. Sächs. Hof- und Feldtrompeter.

(L. S.) Johann Nicolaus Bertstedt,
   Fürstl. Sächs. Hof- und Feldtrompeter.

(L. S.) Georg Friedrich Röbock,
   Fürstl. Sächs. Hof- und Feldtrompeter.

(L. S.) Andreas Keebß,
   Fürstl. Sächs. Cammer- und Hoftrompeter.

(L. S.) Johann Friedrich Nicolai,
   Fürstl. Sächs. Hoftrompeter.

(L. S.) Michael Sommer Werth,
   Fürstl. Sächs. Hoftrompeter, auch Hof- und Reisefourier.

(L. S.) Christian Joseph Nicolai,
   Fürstl. Sächs. Hoftrompeter.

Beym Aufdingen werden dem Scholaren um der Ordnung willen nachfolgende Pacta und Puncte vorgelesen, welche er, genau nachzuleben, angeloben muß; als:

1) Soll keiner, der nicht aus einem keuschen, reinen Ehebette erzeuget, zu der Wohledeln Rittermäßigen Kunst des Trompetenblasens gelassen werden.

2) Soll kein Heerpaucker oder Feldtrompeter sich unterstehen, einen Lehrling aufzudingen, als nach verflossenen sieben Jahren seiner Lehre, und gebräuchlich verrichteten Feldzügen.

3) Sollte auch ein Trompeter, der nicht mit zu Felde gewesen, sich unternehmen, einen Lehrling aufzudingen: so ist ihm solches nicht nur schlechterdings zu verweigern; sondern auch zur Strafe, ihm seine Trompete, bis zu Ausführung der Sache und gehöriger Satisfaction wegen Uebertretung der allergnädigsten Kayserl. und Königl. Privilegien, gänzlich zu **legen**.

4) So auch einer bey einem Regimente aufgedungen würde, und während seiner zwey Lehrjahre Feldzüge mit verrichtet: so soll ihm doch solches für null und nichts gerechnet werden; sondern von der Zeit, da er sey freygesprochen worden.

5) So soll auch kein Aufdingen oder **Freysprechen geschehen**; dafern **nicht** dabey **drey** oder vier Cammeraden verharren.

6) Es sollen auch alle, die der Wohledeln Rittermäßigen Kunst des Trompetenblasens zugethan, sich nicht unterfangen, einen Lehrling, ohne Erlegung ein hundert Thaler, zu lehren, wovon die Hälfte, als funfzig Thaler bey der Aufdingung, und die andern funfzig Thaler bey der Freysprechung, baar zu erlegen.

7) Ist auch ein Lehrprinz schuldig, nachdem er einen Lehrling freygesprochen, den er selbst gelernet, mit der Aufdingung eines neuen Lehrlings zwey Jahre anzustehen.

8) Sollte nun der Lehrprinz, unter währender Zeit der Lehrjahre, mit Tode abgehen, und der Lehrling hätte schon ein völlig Jahr gestanden: so sollen doch die übrigen 50 Thaler seinen Freunden oder wem er sonst Vollmacht giebt, ohne

einzige Widerrede gezahlet werden. Hingegen diejenigen, welche die letzten 50 Thaler erheben, befugt seyn, dem Lehrling die höchstnöthige Auslernung und darauf bedürftige Freysprechung, ohne dazu ordinair gehörige Unkosten, zu verschaffen.

9) Im Fall auch der Lehrling während der Zeit sterben sollte, und es wäre schon über **ein Jahr**: so sollen gleichfalls die letztern funfzig Thaler an den Lehrprinz gezahlet werden.

10) Liesse sich auch in währenden Lehrjahren durch lüderliche Gesellschaft **ein** Lehrling verführen, daß er aus der Lehre entliefe; gleichwol aber in Bla**sung** der Feldstücken schon zur Perfection gelanget wäre: so soll doch selbiger, in Ansehung seines Verbrechens, weder bey Hofe noch Freunds- und Feinds-Armeen, gebuldet werden; und dafern möglich, solchen wieder zu bekommen, er, seine Lehrjahre von neuem anzutreten, gehalten seyn soll. Da er aber allenfalls nicht zu erhalten: ist doch das völlige Lehrgeld zu bezahlen.

11) So ferne sich **auch ein** Lehrling mit Weibsvolk vermischt und solche schwängerte; es sey ein Jahr verflossen, oder nicht, so sollen nicht nur die ein hundert Thaler verlohren seyn; sondern er schlechterdings zu der Wohledlen Rittermäßigen Kunst **des Trompetenblasens nicht** mehr gelassen werden.

12) Ist **auch** ein Lehrling befugt, allen rechtschaffenen Hof- **und** Feldtrompetern, wie **auch** Heerpauffern, in währender Lehre aufzuwarten.

13) Soll auch kein Lehrling sich unterstehen, mit Kunstpfeiffern oder Waldhornisten umzugehen; vielweniger ihnen die Feldstücke zu weisen, auch nicht auf der Bierbank oder andern Bauergelagen seine Trompete brauchen; sondern vor Kaysern, Königen, Fürsten, Grafen und Herren, wie auch allen vornehmen Militairbedienten.

Nachdem nun dieses alles obbenenntem Lehrlinge NN. vorgelesen worden, und er solches festiglich zu halten, angelobet: als ist dieser Aufdingebrief von dem Herrn NN. und andern anwesenden Herren, wie auch Feldtrompetern und Heerpauffer des löbl. Regiments NN., zu mehrerer Bekräftigung eigenhändig unterschrieben **und** besiegelt worden. So geschehen in NN. den 21sten Juny 1714.

(L. S.) NN. Rittmeister.   (L. S.) Feldtrompeter, als Lehrherr.
(L. S.) NN. Lieutenant.   (L. S.) Feldtrompeter.
(L. S.) **NN.** Kornet.   (L. S.) Feldheerpauffer.

So wie nun jeder Lehrherr seinen Scholaren aufgebungen hat, also ist er auch verbunden, solchen nach festgesetzter Lehrzeit, ordentlicher Aufführung und Verhalten fren zu sprechen, welches kein anderer ohne dessen Genehmhaltung und Vollmacht ben 50 Thaler Strafe sich unterstehen darf.

Sobald die dazu erbetene Cameradschaft sich versammelt hat, wird der Scholar vorgestellt und nach der Untersuchung seiner Aufführung, Lebensart und Geschicklichkeit beurtheilt, sodann muß er zuvörderst die 5 Feldstücke als Hauptprobe blasen, auch zeigen, daß er im Clarinblasen Fähigkeiten besitze. g)

Hat er dieses geleistet, so wird er durch einen Backenstreich wehrhaft gemacht und ihm der Degen überreicht, wodurch er sein eigner Herr wird. Der Lehrherr übergiebt ihm sodann den von der sämmtlichen Cameradschaft von jedem eigenhändig unterschriebenen und besiegelten Lehrbrief, und jeder wünscht ihm ben der Kunstaufnahme Glück.

Mein Lehrbrief selbst lautet also:

Des Wenl. Durchlauchtigsten Fürstens und Herrns, Herrn Johann Adolph, Herzogens zu Sachsen, Jülich, Cleve und Berg, auch Engern und Westphalen, Landgrafens in Thüringen, Marggrafens zu Meisen, auch Ober- und Niederlausitz, gefürsteten Grafens zu Henneberg, Grafens zu der Mark, Ravensberg, Barby und Hanau, Herrns zum Ravenstein ꝛc. Des Königl. Poln. weissen großen Adler, ingleichen des Königl. Grosbrittanischen blauen Hosenbandes- und St. Henrici Militairordensrittern. Ihro Königl. Maj. in Polen und Churfürstl. Durchl. zu Sachsen Generalfeldmarschall, wie auch Kanserl. und des Heil. Röm. Reichs Generalfeldzeugmeistern, auch Obristen über ein Chursächs. Regiment zu Fuß ꝛc. Meines gnädigsten Fürstens und Herrns, der Zeit bestalt gewesener Hoffourier, wie auch Cammer-Hof- und Feldtrompeter, Ich Johann Caspar Altenburg füge hierdurch allen und jeden, wes Standes, Hoheit und Würden sie seyen, insonderheit denenjenigen, welche der löbl. Rittermäßigen Feldtrompeter-Kunst zugethan und verwandt sind, nebst Entbietung meiner Schuld und willigsten Dienste, hiermit zu wissen, daß ich meinen Sohn anderer Ehe

---

g) Ist der Scholar mehrerer Instrumente kundig, wie es heut zu Tage an vielen Orten für nöthig erachtet wird, so wird der Lehrherr sowol als Scholar mehr Ehre und Ruhm davon haben.

Ehe, Johann Ernst Altenburg, die löbl. und Rittermäßige Kunst des Trompetenblasens zu erlernen, gegen Versprechung Einhundert Reichsthaler Lehrgeld, (welches ich ihm aber aus väterlicher Macht und Gewalt, auch allergnädigsten ertheilten Concession unserer allergnädigsten Privilegien geschenket und erlassen), laut Aufdingsbriefs, in vieler rechtschaffenen Hof- und Feldtrompeters Gegenwart, den 1sten August, Anno 1736, in die Lehre auf- und angenommen habe. Weil Er nun in seinen Lehrjahren sich nicht alleine **ehrlich**, getreu, fromm und dienstfertig erwiesen, sondern auch im Beyseyn unterschriebener Hof- und Feldtrompeter wie auch Heerpaufer, dato mit seiner Probe dergestalt bestanden, daß Sie allerseits ein sonderbares Vergnügen gehabt. Also ist besagter Johann Ernst Altenburg, bisheriger Scholare von mir, seiner Lehre losgesprochen und darauf für einen rechtschaffenen Trompeter declariret und erkennet worden; Jedoch mit diesem ausdrücklichen Vorbehalt, daß mehr erwehnter Johann Ernst Altenburg nicht **Macht haben soll, einen** Scholaren auf und anzunehmen oder **einigerley** Weise **zu befördern**, es sey dann, daß Er unter **Sieben Jahren nach** diesem von mir erhaltenen Lehrbrief, Einen ordentlichen Feldzug Trompeter-**Gebrauch** nach gethan, und wie selbiger sich dabey erzeiget, glaubwürdige Attestata vorzulegen habe. Gelanget deswegen an alle und jede, wes Standes, Hoheit und Dignitaeten Sie seyn, hiermit und Kraft diesen mein geziemend und schuldigstes Suchen und Bitten: sowol diesem allen vollen Glauben beyzumessen: als auch vielbenannten Johann Ernst Altenburgen, alle Gunst und fördersamen Willen zu erweisen, und selbigen um seines ehrlichen Lebens und Wandels willen, diesen meinen ausgestellten Lehrbrief wirklichen Genuß empfinden zu lassen. Dieses wird Er mit schuldigstem und gehorsamstem Danke erkennen. Und ich bin es nun einem Jedweden nach Standesgebühr, hinwieder zu verschulden, so bereitwilligst als geflissen. Zu mehrerer Urkund habe ich nicht allein mich als Vater und Lehrherr, sondern auch die anwesenden Herren Cammeraden Ihre Namen eigenhändig unterschrieben und die gewöhnlichen Petschafte vorgedrucket. So geschehen Weissenfels den 14ten April, nach unsers einigen Erlösers und Seligmachers Jesu Christi Geburt des Eintausend Siebenhundert und Zwey und Funfzigsten Jahres.

(L.S.) Johann Caspar Altenburg,   (L.S.) Christian Ernst Fettner,
Fürstl. Sächs. Cammer- auch Hof- und   Fürstl. Sächs. Hof- und Feldtrompeter.
Feldtrompeter, als Lehrherr und Vater.

(L.S.)

(L.S.) Johann Heinrich Heinrich,
   Feldtrompeter.
(L.S.) Johann Christoph Altenburg,
   Feldtrompeter.
(L.S.) Johann Friedrich Jahn,
   Feldtrompeter.
(L.S.) Christoph Ernst Heinrich,
   Trompeter.

(L.S.) Johann Heinrich Thalacker,
   Fürstl. Sächs. Hofpaukker.
(L.S.) Johann Gottfried Walther,
   Königl. Pol. und Churfürstl. Frohnschreiber.
(L.S.) Johann Michael Dentzler,
   Fürstl. Sächs. Hofküchenschreiber.

VII. Den Nachlaß eines Trompeters und Pauckers erben entweder seine nächsten Anverwandten, oder er fällt an die Casse des Orts. s. Wildv. p. 33.

VIII. Zur Unterstützung für Reisende oder arme Bleßirte und deren Wittwen, hat man nach dem 12ten Artic. der neuerl. Kayserl. Reichs Privilegien, an den meisten Höfen die löbliche Einrichtung getroffen, daß ein jeder alle Quartal 1 Rthlr. oder einen Gulden in die Kasse erlege, damit man den Bedürftigen, nach Vorzeigung ihres Abschiedes, mit etwas Genüglichem unter die Armen greifen könne. Und wenn auch gleich diese Kasse erschöpfet, oder bey den Regimentern dergleichen nicht befindlich seyn solte; so geschiehet es dennoch aus einem gemeinschaftlichen Beytrage, vermittelst eines Umlaufzettels. Daher hat sich ein Reisender, der sich nicht öffentlich hören lassen kann, entweder beym Aeltesten jedes Hofes, oder auch bey demjenigen, der die Kasse in Verwahrung hat, dieserhalb zu melden.

Vorzug der deutschen Trompeter insbesondere.

Deutschland erzeugt, so viel man weiß, die geschicktesten Leute auf der Trompete; eben daher werden sie auch im Auslande durchgängig geschätzt, und besser gelohnt als im Einlande.

Man sucht und befördert sie, auch am äussersten Ende von Europa.

So ließ 1722 der damalige König von Portugall Christian II. zwanzig deutsche Trompeter und zwey Paukker auf einmal durch einen gewissen deutschen Lieutenant, in seine Dienste, unter vortheilhaften Bedingungen, annehmen, und die Reisekosten für sie bezahlen[h] gab ihnen prächtige Livree und ansehnlichen Sold.

---

h) S. Walt. musikal. Lexicon.

Unterschied der ausländischen Dienste.

In Römischen Kayserlichen Diensten stehet sich ein Feldtrompeter mit am besten, theils wegen der Ehre, die ihm erzeigt wird, theils wegen des ansehnlichen Tractements. Er bekommt monatl. 17 Kayserl. Fl. nebst einer Portion und Ration. Dafür muß er aber sein eignes Pferd halten, und seine Montirung sich anschaffen. Wird ihm aber das Pferd im Felde tod geschossen, so wird es ihm ersetzt.

In französischen Diensten bekommt er monatl. 34 liv. und 10 Sols, und überdies prächtige Montur. Zu Kriegszeiten auch Brodt, Fleisch, Reis, und vom Regiment das Pferd.

Die R. Kayserl. Privilegia gelten da nicht, eben daher sind nicht nur Gelernte, sondern auch Kunstpfeiffer mit unter.

Bei den Engländern bekommt der Trompeter monatl. 6 Holländische Ducaten. Die von der blauen Garde tragen die Montur von Scharlach mit blauen Aufschlägen und kurze Westen, beides mit goldnen Tressen besetzt. Sie haben kurze silberne Trompeten mit prächtigen Pantrullen und silberne Paucken.

Im Dänischen ist der Gehalt eines Trompeters sehr geringe. Monatlich 4 Rthlr. 3 Schillige und schlechte Montur. Bekommt er aber, wie unter den meisten Regimentern geschieht, bessere Montur mit etlichen wenigen Tressen, so wird beides aus seiner Tasche bezahlt.

In Holland bekommen sie Montur von feinem Tuche, 18 Holländische Gulden monat. Gehalt, und reiten ihr eigenes Pferd.

Von den übrigen ausländischen Diensten habe ich keine zuverläßige Nachricht einziehen können, und gehe daher auf den Zustand der Trompeter in Deutschland über.

Von dem Zustande der Kunstverwandten bey den deutschen Armeen.

Bei der Königl. Preußl. Armee weicht man von den R. Kayserl. Reichs-Privilegien in etwas ab, indem man nemlich Stadtmusikanten oder Kunstpfeifer ein oder zwey Jahre in den fünf Feldstücken für 50 Rthlr. Lehrgeld unterrichtet und nachher unter die Trompeter, welche bei den Regimentern das Geld nach der Reihe erwerben, aufnimmt. Ihr Tractament besteht monat. in 4 Rthlr. 16 Gr. Sie ziehen mit auf die Wachten, thun Dienste und bekommen, wenn sie hierzu unfähig geworden sind, eine Civilbedienung.

Von den Churf. Diensten will die Lage, worinn ich mich jetzt befinde, mir nicht gestatten, viel zu sagen. Jedoch kann ich so viel versichern, daß ein Chursächs. Trompeter auf die Kayserl. Reichsprivilegien und auf seine damit verbundene Ehre strenge hält. Der Gehalt ist monat. 4 Rthlr. 16 Gr.

Als in dem 1753, bey Abigau und Dresden gehaltenen Lustlager, sämmtliche Kunstverwandte bey der Armee ein Memorial an den damals commandirenden Feldmarschall Grafen von Rotowsky, durch die Hoftrompeter in Dresden, überreichen liessen, worinnen sie vorzüglich über die schlechte Behandlung der Officiers Beschwerde führten, war diese Vorstellung von so gutem Erfolge, daß sogleich eine scharfe Ordre an alle Cavallerie Regimenter ergieng, worinne den Officiers dergleichen gehäßiges Bezeigen gänzlich untersagt und die verschiedene militärische Strafe in einen blossen Arrest oder Geldstrafe verwandelt wurde; wie ihm denn auch der Abschied, auf vorher beschehenes Ansuchen, nicht vorenthalten werden soll. Dergleichen Ordre soll auch nach dem siebenjährigen Kriege nochmals ergangen seyn.

Die Churhannöverschen Trompeter-Dienste, haben viel ähnliches mit den Kayserlichen und Holländischen, indem sie ebenfalls ihre eigene Pferde reiten: dafür erhalten sie aber auch doppelte Ration, und zu Kriegszeiten auch doppelte Portion. Auch tragen sie eine schöne Montur. Im siebenjährigen Kriege war ihr Gehalt monatlich 15 Rthlr. den Louisd'or zu 5 Rthlr. gerechnet; zu Friedenszeit aber mag es wol gemindert seyn. Uebrigens beobachten sie die K. Reichsprivilegia genau, und stehen dabey in grossem Ansehen.

Verschickungen an den Feind.

Diese Verrichtung hängt nicht von eines jeden Officiers Befehl ab; sondern sie wird blos von dem Feld-Obristen, oder auch von dem Chef eines leichten Corps angeordnet und befohlen; und sowol dieserhalb, als der damit verbundenen Gefahr halber, der man zuweilen ausgesetzt ist, halte ich sie für die wichtigste

tigste Verrichtung eines Feldtrompeters, um so mehr, da ich in diesem Stücke aus eigner Erfahrung sprechen kann.

Die Trompeter bey den Frey- und Husarenkorps werden allemal in weit mehreren Verschickungen gebraucht, als die bey der schweren Cavallerie. Da aber die Veranlassungen hierzu sehr verschieden sind, so lassen sich darüber auch nicht alle Observanzen so genau bestimmen, sondern es muß sich hier ein jeder selbst in Zeit und Umstände zu schicken wissen. Oft bekömmt man einige Mannschaft zur Bedeckung, manchmal auch nicht. Es kömmt auch allerdings darauf an: ob man ins feindliche Lager, oder in eine belagerte Vestung abgeschickt wird, welches letztere man gewöhnlich für das gefährlichste hält.

Ich habe zugleich die Absicht, junge und unerfahrne Leute hierdurch zu belehren, damit sie ereignenden Falls wissen, was sie bey dieser Gelegenheit vorstellen, und wie sie sich zu verhalten haben.

Der Trompeter wird auch auf feindlicher Seite nicht angehalten, seine Verrichtung jedermann zu eröfnen, indem es vielmehr allen Subalternoffiziers, bey Ehre und Pflicht auferlegt ist, die Briefe und Botschaften eines Trompeters, durch ihre Mittel uneröfnet und unerforscht an den Feldobersten kommen zu lassen;[1]) mithin unterscheidet sich allerdings der abgeordnete Trompeter hierdurch: weil mit ihm solchergestalt, in gewisser Absicht, nach höherer Gesandten Freyheit und Rechte gehandelt wird. Ja, das Völkerrecht giebt ihnen diesfalls fast noch mehrere Freyheit als andern Abgeordneten, welches daraus erhellet, daß der Trompeter ohne Paßeport zur feindlichen Armee, auf gegebenes Signal, mit seiner Trompete anrücken darf, welches aber einem höhern Abgesandten, ohne Besorgung des Arrests, keineswegs erlaubt ist.

Wann nun derselbe seine Abfertigung und Instruktion von dem Feldobristen erhalten hat, so muß er die ihm anvertrauten Briefschaften wohl verwahren, damit sie nicht besudelt werden; und sogleich seine Reise nach der feindlichen Armee zu antreten, und ohnverweilt fortsetzen.

Nähert man sich nun dem Feinde, so hält man indes die Trompete in Bereitschaft, welches ohnedies schon, wegen einer feindlichen Patrouille, die uns etwa unterwegens aufstossen möchte, nöthig ist. Sobald man die feindliche

---

[1]) S. die Reiterbestallung zu Speier, 1670. Art. 64.

liche Feldpost zu Gesichte bekommt, reitet man gerade auf sie zu, so nahe, daß
sie den Trompetenschall vernehmen kann; dann hält man stille, **und** giebt mit
der Trompete etwa in etlichen sogenannten Rüsten ein Signal. Ruft **die Feld**=
post aus Unwissenheit an, so giebt man, ohne sich daran zu kehren, allenfalls noch
ein Signal zur Antwort, bis die feindliche Post entgegen kommt und nach Kriegs=
gebrauche, gewöhnlich mit verbundenen Augen, uns an Ort und Stelle vor **den**
kommandirenden Officier bringet; in dessen und keines andern **Hände** man sofort
die Depeschen liefert.

    Vornehmlich hat man sich in Acht zu nehmen, daß man sich 1) von den
etwanigen schlechten Umständen der Armee gegen den Feind etwas merken oder
von ihm ablocken lasse; sondern vielmehr 2) **zusehe**, wie man mit guter Ma=
nier die Stellung und andere Umstände des Feindes wahrnehme **und** mit zurück=
bringe. Und wenn man keinen Brief zurück erhält, so läßt man sich 3) ein
schriftliches Attestat geben, daß man die Depeschen richtig **überbracht** habe. Ue=
brigens aber wollte ich einem jeden wohlmeynend anrathen, daß er sich 4) in
solchen Fällen nüchtern, mäßig und vorsichtig verhalte, indem man sonst
leicht Gefahr laufen kann, tod geschossen zu werden.

Kapitel VI.
Von dem Verfall und Mißbrauche der Kunst.

Die Ursachen des Verfalls der Kunst kommen wahrscheinlich daher:
1) Von Trennung der Priesterwürde.
2) Von **Mißbrauche** und Unwissenheit **in der** deutschen Musik überhaupt.
3) Von unrichtiger Vermischung der Wörter Trompeter und Pfeifer.
4) Von der damaligen Barbarey und Leibeigenschaft in Deutschland.

    Denn, so gewiß es auch ist, daß der Priesterstand, welcher bey den
Ebräern mit dem Trompetenblasen verbunden war, bey allen Völkern in beson=

dern Ehren gehalten wurde: so gewiß ist es auch, daß, sobald diese Verrichtungen von einander getrennt wurden, (welches, wie ich vermuthe, bey den Griechen zuerst geschahe), sich auch eine Verminderung des vorigen Zustandes ereignete. Doch muß sie noch nicht von Erheblichkeit gewesen seyn, weil wir wissen, **daß** gleichwol das Ansehen der Trompeter, wie ich bereits erwiesen habe, **bey den** Griechen und Römern noch sehr beträchtlich **war.**

Aber bey den Deutschen muß diese **Kunst,** sonderlich in den mittlern Zeiten, in ziemlichen Verfall gekommen seyn; weil man sonst weder einen Reichsabschied noch besondere Privilegia zu Wiederherstellung des vorigen Ansehens nöthig gehabt hätte.

Auf eben diesen Reichsabschied 1548 pflegen sich zwar einige Nichtswürdige zu berufen, indem sie ihn als einen Beweis der ehemaligen Geringachtung der Trompeter bey den Deutschen ansehen, und ihnen einen Vorwurf damit machen wollen: allein, es ist dagegen von der bekannten prüfenden Gesellschaft zu Halle in der bereits gedachten Abhandlung 1743 mehr als hinlänglich erwiesen worden, daß ihn bloßer Unverstand, Mißverstand und falsche Vorurtheile der damaligen Handwerker veranlasset habe, indem sie zwischen einem kunstmäßig erlernten Trompeter und gemeinen Pfeifer oder Spielmann, keinen wahren Unterschied zu machen wusten, zumal da sie meinten, **daß die Trompeter, weil** sie entweder an Höfen oder bey der Armee sich aufhielten, wie leibeigen wären; jene hingegen, die Handwerker, bereits im zehenden Jahrhundert durch Erbauung und Befestigung der Städte, auf Veranlassung des R. Kaysers Heinrich I. als Bürger und Vertheidiger derselben, aus der Knecht- und Leibeigenschaft gerissen waren; da gleichwol die Hofleute und das Militair noch gezwungen war. Nachdem aber endlich die Leibeigenschaft in **Deutschland** nach und nach völlig aufgehoben wurde; so haben auch alle Hofbediente ihre völlige Freyheit erhalten.

Die Unwissenheit der Musik, sowol auf Seiten der Zuhörer, als der Musiker selbst, hat auch etwas zu diesem Verfalle beygetragen. Denn es ist bekannt, daß erst im vierzehnden Jahrhundert der Franzose Jean de Murs, die verschiedene Geltung der Noten erfunden, und sie in lange und kurze eingetheilt hat, welche vorher alle einander gleich sahen, und mit bloßen Puncten be-

bezeichnet wurden. Noch vor ohngefähr hundert Jahren wußte man noch sehr wenig vom verfeinerten Geschmack in der Musik, ob wir gleich schon musikalische Stükke genug hatten; bis man zu Ende des vorigen und zu Anfange des jezigen Jahrhunderts erst anfieng, den Italienern nachzuahmen, und melodiöse oder schmackhafte Stücken zu sehen. Seit dieser Zeit hat auch die Musik erst Eintritt in den Zimmern der Großen gefunden, die sie als einen edlen Zeitvertreib und ein stilles Privatvergnügen gesitteter Nationen betrachten, schäzen, und belohnen. Wir können daher ganz sicher glauben, daß unsere deutschen Trompeter in den vorigen Zeiten nichts weiter als ihre Feldstücken, die man ohnedies nicht gerne auf Noten sezt, nach dem bloßen Gehör geblasen haben, die einer dem andern um ein weniges, entweder freywillig, gelernt, oder vielleicht, bey der damaligen Leibeigenschaft von seinem Obern zu thun, angehalten worden ist.

Und da es überdies eine ausgemachte Sache ist, daß, wenn ein Metier einmal in Verfall gerathen, auch mehrentheils nur schlechte Leute sich hierzu begeben, und daher auch vermuthlich einige unter den Kunstverwandten sich befinden, die sich selbst nicht hervorgethan, auch wegen geringen Soldes nicht gekonnt haben und zugleich ihre Kunst mißbrauchten; so haben freylich die deutschen Fürsten sowol als der Adel es für überflüßig gehalten, dergleichen Leute besonders zu unterscheiden.

Mißbrauch dieser Instrumente.

Das Verbot des Mißbrauchs derselben ersieht man besonders aus dem achten Artikel des K. K. Privilegia, wo es heißt: „Es soll kein ehrlicher Trompeter „oder Heerpaukker mit seinem Instrumente sich anders als beym Gottes= „dienste, Kayser, Könige, Chur= und Fürsten, Grafen, Freyherrn und Adel= „lichen Ritterschaften, oder sonst hoch qualificirten Personen gebrauchen lassen: „Es soll auch in verächtlichen Gelegenheiten mit Trompeten oder Paukken „zu dienen, wie auch das gar lange nächtliche unordentliche Herumvagiren „auf den Gassen, in Wein= und Bierhäusern völlig verboten seyn. Wer sich „diesfalls vergreiffen würde, soll nach Erkenntniß des Verbrechens gestraft „werden."

Wider

Wider alle dergleichen Mißbräuche sind auch von Sr. Churfürstl. Durchl. zu Sachsen, sonderlich wegen des Erzmarschall und des H. Röm. Reichs Verweseramtes besondere Patente ergangen, worunter vorzüglich merkwürdig ist, daß zuförderst der siebende Punkt des Trompeter- und Paukker Privilegii, wegen allerhand eingeführten und dieser Kunst zu nahe gehenden Mißbräuchen, gleich damals durch ein offenes Patent von **Höchstgedachtem Churfürsten J. George I.** publiciret worden ist.

Ob man nun zwar dadurch den Mißbrauch dieser Instrumente völlig zu wehren bemühet war, so muß er doch späterhin dergestalt überhand genommen haben, daß man sich genöthigt gesehen hat, auf Ansuchen der Churfächs. Kunstverwandten, nach und nach drey dergleichen eingeschärfte Mandate, wider das unbefugte Trompetenblasen und Heerpaukkenschlagen, als: im Jahr 1661, 1711 und 1734 publiciren zu lassen. Zu nöthiger Nachricht für jedermann, will ich das Vorzüglichste hieraus anführen. Hier ist nun in dem ersten Edikt der zehnde Punkt des oftgedachten Privilegii zum Grunde gelegt, welcher also heißt:

„Zum zehnten. Weil die Trompeter und Paukker allein vor Kayser,
„Könige, Chur- und Reichsfürsten, Grafen und Herren Rittermäßigen Stan-
„des, und dergl. Qualitäts-Personen exerciren, und derhalben nicht jedermann
„gemein sind, so soll kein ehrlicher Trompeter oder Heerpaukker mit Gauklern,
„Thürmern, Hausleuten, oder dergl. wie sie sonst Namen haben mögen, mit der
„Kunst einigermaaßen Gemeinschaft halten, mit denselben sich hören lassen,
„und dadurch die Kunst höchlichen verschimpfen, bey Strafe, so die Camerad-
„schaft erkennet. Vielweniger aber soll einigen Comödianten, Gauklern,
„Glückshäfnern, Thürmern, ausser seinem Comödienspiel, Glücksbuden, Thür-
„men, noch sonst einigen Stadtpfeifer oder Spielmann, bey Gräflichen,
„Freyherrlichen, Adelichen, Bürgerlichen, oder andern Hochzeiten, Kindtaufen,
„Todtentänzen, Kirchmessen und andern dergleichen Zusammenkünften, mit Trom-
„peten oder Heerpaukken sich hören lassen, oder deren, weniger der Posaunen,
„als ob es Trompeten wären, mit Aufzügen, Tänzen, Lermblasen, gebrauchen;
„und im widrigen Falle ihnen, jedes Orts Obrigkeit, auch ohne der Trompe-
„ter Ansuchen, solches bey hoher Strafe verbieten und die Trompeter und Heer-
„paukker jedesmal bey dieser Verordnung manuteniren und schützen helfen."

Von

„Von Gottes Gnaden, Wir Johann George, der Andere, Herzog zu Sachsen, des H. Röm. Reichs Erzmarschall und Churfürsten ꝛc. „thun hiermit kund jedermänniglich, wie, daß uns unser Oberhof- und Feldtrompeter und lieber getreuer Hans Artold, im Namen unserer bestalten Hof- und Feldtrompeter auch Heerpaukker, mit Vorlegung des Originalpatents, unterthänigst klagende vorgebracht, wesmaaßen in unserm Churfürstenthum und Landen, nah und ferne, allerhand Misbräuche eingerissen, indem ungeachtet hiebevor ernster ergangenen Pönal-Mandaten, die Thürmer und Hausleute, Gauckler, Comödianten und Glücksbüdner nicht nur, sondern nunmehr auch alle Bauer-Spielleute, sich nebst obgemeldten unterfangen, aller und jeder Orten, da es ihnen beliebet, fürnemlich in Gelagen, Bürger- und Bauer-Hochzeiten, Kindtaufen, Jahrmärkten, Kirchmessen, Lobetänzen u. dergl. Convivien, ja, wol gar bey anrüchtigen Personen, sowol etliche die Posaunen, als ob es Trompeten wären, in aller üppigen Völlerey und ärgerlichem Leben, bey jezigen sorglichen Leuten, mit Aufzügen, Mär- schen, Tänzen und Lermblasen, die Anwesenden veranlassen, dazu auch den Trompetenschall sehr mißbrauchen und dieses um so viel mehr, weil etliche von denen verordneten Unterobrigkeiten unserer Lande solchen unbefugten Personen bisher nicht alleine nachgesehen, sondern auch dieselben an unterschiedlichen Orten selbst gebrauchet und dadurch solchen Mißbrauch eingeführet. Dannenhero unterthänigst gebeten, die ganze Trompeter- und Paukkergesellschaft, sowol in unsern als auch, wegen unsers tragenden Reichsmarschallamtes, in denen benachbarten Chur- und Fürstenthümern in gnädigsten Schutz zu nehmen, so wir ihnen auch nicht abschlagen können, sondern vielmehr über angedeutetem Privilegio und dem am 10ten Juny 1650 albereit ergangenen Mandat gehalten haben wollen.“

„Gebieten demnach hierauf allen und jeden unsern Prälaten, Grafen und Herren ꝛc., denen dieses unser Patent insinuiret werden möchte, sie wollen denen Comödianten, Gaucklern, Glücksbüdnern, Stadtpfeifern, ausserhalb der Comödien, Gauckelspielen, Glücksbuden und Thürmen, desgleichen auch allen und jeden Bürger- und Bauer-Spielleuten, wie sie Namen haben, weder bey Adelichen-Bürgerlichen- und Bauerhochzeiten, Kindtaufen, Jahrmärkten, Kirchmessen, Lobetänzen u. dergl. Convivien, mit Trompeten noch Posaunen, auf Trompetenart zu blasen, im geringsten verstatten noch zulassen, bey Strafe hundert Rheinl. Goldgülden, welche von einem jeden, der solchen unserm Mandate zuwider

le-

leben wird, unnachläßig eingebracht, hiervon die Hälfte in unsere Rentkammer, die andere Hälfte aber unsern bestalten Hof- und Feldtrompetern zu ihrer habenden Kasse gegen Quittung, eingeliefert werden solle, damit dem üppigen ärgerlichen Leben und eingerissenen Misbrauche endlich gesteuert werde. Es sollen auch obbemeldte unsere Ober- und Niederobrigkeiten unserer Lande, die Verbrecher und Uebelthäter, so die Trompeten bisher unrechtmäßig gebrauchet, gebührlich strafen, ihnen die Trompeten abnehmen und solche unserm Obertrompeter absolgen lassen. Daran geschiehet unser ernster Wille und Meynung. Zu Urkund dessen haben wir dieses Patent unter unserer eigenhändigen Churfürstl. Unterschrift und vorgedruckten Sekret ausgestellet. So geschehen zu Dresden, am 7ten März, Anno 1661.

Johann George, Churfürst.

(L.S.) Wolf Siegfried von Lüttichau.

Christoph Schindler.

Ferner erfolgte im Jahre 1711 noch ein dergleichen Mandat. Weil aber die darinne enthaltene Clausel des Verbots, wegen dunkelm und zweydeutigem Ausdruck ungleich ausgeleget worden, und der Mißbrauch dieser Instrumente aufs neue überhand nahm, so ist endlich 1736 das dritte Mandat zu Erneuerung und Einschärfung des diesfalls vorhin beschehenen Verbots ergangen, dessen Abänderung folgende ist:

Wir Friedrich August von Gottes Gnaden, König in Polen ꝛc., Herzog zu Sachsen ꝛc., des H. Röm. Reichs Erzmarschall und Churfürst ꝛc. ,,Entbieten allen und jeden unsern Prälaten, Grafen, Herren, denen von der Ritterschaft, Amtleuten, Burgermeistern und Räthen in Städten ꝛc. Unsern Gruß, Gnade und geneigten Willen, und fügen ihnen hiermit zu wissen, wesgestalt unsere Oberhof- und Feldtrompeter, auch Hof- und Heerpauker, wegen des, ihnen von Alters her habenden und von Zeit zu Zeit confirmirten Privilegien, insonderheit aber denen in annis 1661 und 1711, ins Land publicirten Mandats entgegen, seither in unserm Churfürstenthum und Landen sehr gemein wordenen unbefugten Trompetenblasens und Heerpaukenschlagens der Stadtpfeifer, auch Bürger- und Bauermusikanten, worinne diese durch Mißbrauch und ungleiche

Ausdeutung, der in dem letztern Mandat 1711 eingeflossene Clausul von den Unterobrigkeiten geschützt, auch gar durch derer Dicasteriorum Beyfall noch mehr bestärket worden, in Unterthänigkeit Vorstellung gethan, und wie dieselben um Erneuerung und Einschärfung des diesfalls in angeregten Mandatis ausdrücklich beschehenen Verbots, durch Publication eines anderweitigen Generalis, nach der Disposition des de anno 1661 geziemend angesuchet.

Allermaassen Wir nun, diesem derer Supplicanten Suchen, zu Steuerung der eingerissenen übeln Gewohnheiten, und nach Anweisung derer zu Bestätigung ihrer wohlhergebrachten Privilegien und Befugnisse ehedem ergangenen Verordnungen zu deferiren, im Gnaden entschlossen: Als wollen wir vorbemeldtes Mandat vom Jahr 1661 hierdurch renoviret, hingegen obberührte in dem Mandate vom Jahr 1711 mit eingerückte Clausul:

„wenn nicht von Ministris, Cavaliers, Officiers, graduir-
„ten und in unsern Diensten oder sonst in officio publico
„stehenden Personen, Ausrichtungen, Ehren= und Gastmale
„geschehen,"

kraft dieses dahin restringiret haben, daß bey dergleichen Gelegenheiten weder die Gebrauchung anderer, als unserer Hof= und Feldtrompeter und Heerpaukker, wenn dergleichen in Loco zu erlangen, frey stehen, noch auch allen und jeden, welche in unsern Diensten, oder in einem öffentlichen Amte sich befinden, solche nachgelassen, sondern dieses nur unsern mit den letzten Oberofficiers und graduirten imgleichen stehenden Dienern und Unterobrigkeitlichen Personen, erlaubet seyn solle;

Und ergehet demnach an alle und jede obbemeldete unsere Prälaten, Grafen und Herren, die von der Ritterschaft und Beamten ꝛc. unser Befehl, daß sie nicht nur für ihre Person, bey Vermeidung ernsten Einsehens und unnachbleiblicher Strafe sich sothanen inserirten und wiederholtem Mandate gemäß bezeigen, und darüber fest und unverbrüchlich halten, sondern auch insonderheit das Tanz termen= und Aufzugeblasen auf Trompeten und andern Instrumenten, sonderlich aber mit Waldhörnern auf Trompetenart und den sogenannten Inventionstrompeten, bey sich und den ihrigen, ausser in denen vorher restringirten und ausgenommenen Fällen, untersagen, und dawider öfterwähnter Trompeter= und Paukker= Gesellschaft, zum Schaden und Nachtheil auf keine Weise etwas unternehmen las-

laſſen, vielmehr ihnen gegen die Uebertreter und Verbrecher jederzeit bis an uns gehörigen Schutz und hülfliche Hand leiſten und wieder dieſe von ſelbſten oder wenn ſie darum angelanget werden, nach Anleitung derer Mandate 1661 und 1711, mit unverweilter Einbringung derer darinnen dictierten Ein hundert Rheinl. Goldgülden Strafe, von jedem Contravenienten, wovon die Hälfte gleichergeſtalt in unſere Rentkammer, die andere Hälfte aber unſern beſtalten Hof- und Feldtrompetern zu ihrer Kaſſe, gegen Quittung einzulieſern und ſonſt behörig verfahren. Daran wird unſer ernſter Wille und Meynung vollbracht. Zu Urkund iſt gegenwärtiges Mandat von uns eigenhändig unterſchrieben und unter unſerm vorgedruckten Canzleyſekret ins Land zu publiciren anbefohlen worden. So geſchehen und gegeben zu Dresden, am 17ten December, 1736.

Auguſtus Rex. (L. S.)

Erasmus Leopold von Gerßdorf.

Sonſt iſt es auch eine wichtige Urſache des Verfalls der Kunſt, daß man die Kunſtverwandte in manchen Dienſten nicht gehörig ſchätzt, beſonders geſchickte Leute nicht hervor zieht und belohnt. Das einzige Avancement beym Militair, iſt etwa der Stabstrompeter, welcher gleichwol zu Friedenszeit bey den meiſten deutſchen Armeen wegen Menage eingezogen wird, oder wo man ihn ja noch beybehält, ſo hat er gewöhnlich nicht viel mehrere Gage, als ein anderer Trompeter. Und bey manchen Armeen hat man auch wol keinen; k) oder er muß zugleich die Paukersdienſte mit verrichten. Die Hofdienſte für einen Trompeter ſind heutiges Tages ſelten und ſchwerlich zu erlangen; und ein Glück, welches nur die wenigſten betrifft; theils weil es heutiges Tages überhaupt nicht ſo viele Höfe mehr giebt, als ehedem, wie ich hernach zeigen werde; theils aber auch, weil die Hoftrompeter ihre Söhne, die ſie etwa das Metier gelehret haben, gelegentlich einzuſchieben pflegen, ob ſie gleich nicht allemal die gehörigen Fähigkeiten hierzu beſitzen. Wiewol man auch hierbey mehrentheils auf die bey den Leibgarden zu Pferde Rückſicht nimmt.

Die

---

k) Hier trift es wol zu, wie Dokter Luther ſagt: etliche von Adel und Scharrhauſen meynen, ſie haben meinem gnädigſten Herrn dreytauſend Gülden erſparet, indes verthut man unnütze dafür wol dreyßig tauſend Gülden.

Die Grade der Erhöhung bey dergleichen Hofdiensten sind entweder die Hof Cammer- und Reisefourierstellen, oder wo etwa eine Capelle und Cammermusik ist, der Cammer- und Concerttrompeterdienst. Das Glück und die Ehre eines Oberhoftrompeters betrift im ganzen Röm. Reiche nur die zwey Aeltesten der Hauptcameradschaften, nemlich am Röm. Kayserl. Hofe zu Wien und am Chursächs. Hofe zu Dresden. Ob sie aber auch in höherm Solde stehen, als die andern Hoftrompeter, ist mehr zu vermuthen, als ich gewiß behaupten kann.

Ein beträchtlicher Verfall der sämtlichen Trompeter- und Paukkerzunft ist es allerdings auch, daß in dem jezzigen Jahrhundert viele ansehnliche Höfe, die vormals florirten, nach und nach eingegangen sind. Für diejenigen, die nicht belesen sind, will ich die meisten und wichtigsten davon kurz berühren, damit ein jeder den Verlust, den das Metier dadurch erlitten, desto besser einsehen könne; um so mehr, da ich selbst dieses traurige Beyspiel am Sächs. Weissenfels. Hofe als ein Kind von zehn Jahren erlebet und leider! noch bis heute die traurigen Folgen davon erfahren muß.

Ich mache den Anfang mit den ehemaligen Sächs. Höfen: 1) Altenburg. 2) Das alt Gothaische Haus. 3) Eisenach. 4) Eisenberg. 5) Jena. 6) Merseburg. 7) Römhild. 8) Weissenfels. 9) Zeiz. Desgleichen ist 10) Brandenb. Bayreuth, nach Anspach, 11) Bamberg nach Würzburg und 12) Baden-Durlach nach Baden-Baden gefallen. Wollte man nun in das vorige Jahrhundert zurück gehen, so würden deren mehrere aufzufinden seyn. Jedoch wir wollen es hierbey bewenden lassen.

Wenn ich nun rechne, daß an einem jeden dieser zwölf Höfe acht Hoftrompeter und ein Paukker gewesen, so betragen sie zusammen eine Anzahl von 108 Personen, die ehedem ihren Unterhalt genossen haben.

Wollte man mir auch gleich einwenden, daß hierunter einige kleine Höfe schwerlich acht Hoftrompeter gehalten, so habe ich aber auch die vier bereits erwähnten Anhaltischen Höfe und andere, die ehedem wenigstens jeder ein besonders Chor Trompeter und einen Paukker hatten, nicht mit in Betracht gezogen. Jedoch weiß ich zuverläßig, daß an obgedachten meisten Sächs. Höfen sowol, als den übrigen, durch welche ich im siebenjährigen Kriege gereist bin, wirklich so viele waren.

1774 führte der Röm. Kayser und mehrere Mächte diese Kriegesinstrumente auch bey den Dragoner Regimentern ein.

Es gereicht auch zu einem fernern Verfalle, wenn manche Kunstverwandte verschiedene Punkte ihrer Privilegien selbst übertreten, indem sie aus Gewinnsucht entweder andere ihre Kunst um die Hälfte des bestimmten Lehrgeldes lehren, oder auch für manchen, der hinterm Ofen sitzen geblieben, ihren Namen als Lehrherr für ein Stück Geld hergeben, und eben dadurch die große Anzahl der Trompeter und Paukker unrechtmäßiger Weise vermehren; welches dem wahren Endzwecke der Privilegien völlig zuwider läuft. Denn da lautet der im ersten Artic. enthaltene Satz also: „Es soll ein jeder ehrliche Trompeter und Heer„paukker, auf einmal nicht mehr als einem Scholaren, die Kunst zu erlernen „Macht haben, auch keinem Bruder oder Befreundten, bey 50 Thaler Strafe. „Ausser seinen Söhnen, wenn er deren einen hätte.“

Und im zweyten Artic. steht das Verbot: „Es soll auch einer für einen „andern Lehrherrn keinen Scholaren aufdingen, bey 20 Thaler Strafe, son„dern der Lehrherr ist schuldig, seinen eigenen Scholaren auf das beste zu instruiren „und zur Vollkommenheit zu bringen.“ Gleichwol aber weiß man Beyspiele, daß mancher zwey bis drey Scholaren auf einmal in der Kunst unterrichtet, da er doch nur von einem der Lehrherr und von den übrigen der Informator heisset, welche er von andern Feldtrompetern für ein Douceur aufdingen und freysprechen lassen muß. Dieser subtile Kunstgriff ist ein Zeichen einer unerlaubten Gewinnsucht und Eigennutzes.

Weiter, wenn manche Kunstverwandte selbst nicht viel auf sich halten, und sich nicht anständig vor andern auszeichnen; oder nicht zusehen, daß sie ihre Regiments- und Compagniechefs zu Gönnern und Beschützern behalten, und zugleich immer in der größten Unwissenheit ihrer Kunst fort leben.

Hierher gehöret auch billig die Uneinigkeit, die gewöhnlich bey ihren Unternehmungen zu herrschen pfleget, indem sie nicht gehörig zusammen halten. Denn wenn ein Reich unter sich selbst uneins ist, so kann es nicht bestehen.

Ferner auch Feigherzigkeit im Auslande, besonders bei Kriegszeiten, zu dienen, welches doch gleichwol in den Kayserl. Artikeln ihrer Kunst ausdrücklich enthalhalten ist, und wozu sie ihr eigener Vortheil verbindet, indem sie ohnebies als Feldtrompeter keinen andern lehren dürfen. Ich sehe mich hier genöthigt, meinen eigenen Landsleuten, wiewol ungerne, einen Vorwurf zu machen, indem mich die Liebe zur Unpartheylichkeit hierzu auffordert.

Es ist mir für gewiß versichert worden, daß sich zu Anfange des siebenjährigen Krieges, zu einer Zeit, da es doch Dienste genug bey allen Armeen gab, neun gewisse Churf. Sächs. Trompeter zu Linz in Oesterreich aufgehalten, und indessen mit Reutertractamente als einem Wartegelde vorlieb genommen haben, da sie doch billig entweder ihrem Landesherrn oder dessen Alliirten zu Felde hätten dienen sollen und können. Wenn dieses Betragen den Anschein einer wahren Treue und Liebe gegen ihr Vaterland zum Grunde hätte, so wäre es allerdings lobenswerth; da dies aber nicht ist, so ists daher um so tadelnswürdiger. Diese Leute gehören billig unter die Klasse jenes feigen Capitains, welcher aus der Schlacht lief und seinem Trompeter zuschrie: „Siehe, siehe, was ich „für tapfere Reuter habe, wie sie mit dem Feinde chargiren und puff, puff ma„chen können!" Ja, antwortete der Trompeter: „Unsere Reuter sind tap„fere Kerls und dürfen vor der schärfsten Probe nicht erschrecken, aber wir beyde „halten hier, wie die H . . ." 1)

Endlich gereicht es auch zu Abnahme der Kunst, daß der Sold an manchen Höfen sowol, als in manchen Felddiensten geringe ist; und bei dem Dienst wenige Accidentien und Douceure zu erwarten sind, wodurch zuletzt die Aufmunterung ganz untergraben wird.

Das Neujahrblasen, bey den mehresten Armeen, ist noch eins der besten; Eben so wenn einer stirbt und nach Kriegsgebrauch zur Erde bestattet wird, so ist es ein altes Herkommen, daß der Trompeter den Degen und die Stiefeln, welche gewöhnlich auf dem Sarge liegen, bekommt. Daher pflegt man beides gewöhnlich, wenn es Zeit ist, von Sarge weg zu nehmen und dem Capitain wieder zu übergeben, welcher sie hernach, nach dem Verhältniß des Standes, mit einem Douceur auslöset.

Zu-

---

1) S. Bär im Ursus vulp. p. 27.

Zustand der Feldtrompeter überhaupt.

Dieser ist nach Beschaffenheit der Dienste jetzt sehr verschieden. Und da ich sie selbst, vor, während und nach verflossenem siebenjährigen Kriege in dieser Qualität versuchet, andere aber mit angesehen und kennen gelernet habe, so will ich kürzlich eine auf die Erfahrung gegründete Betrachtung darüber anstellen.

Ehe ich mich aber hierzu wende, will ich vorher den in R. Kayserl. Privilegien diesfalls enthaltenen achten Artikel vorsetzen, damit ein jeder unpartheyischer desto gewisser davon urtheilen könne; hier ist er:

„Zum zehenden. Auch soll sich ein jeder Trompeter oder Heerpaufker dergestalt nüchtern, aufrecht, ehrlich und redlich verhalten, damit er seinem Dienst, sowol bey seiner Herrschaft, als in den Ritten, Wachten und anderen Verschickungen im Felde zu aller Zeit nach Vergnügung vorstehen und verrichten könne. Dahingegen solle kein Obrister, Rittmeister oder Befehlshaber, wie leider einige Zeit im Schwange gegangen, einen Trompeter oder Heerpaufker muthwilliger Weise übel tractiren, verschämen, verachten oder knechtliche Arbeit vorschreiben, auch nicht ohne erhebliche Ursache, oder ohne Bezahlung aus dem Dienste werfen, sondern solchen, wie es Uralters gebräuchlich, gleich wie einen ehrlichen Officier halten und paßiren lassen. Und da auch einer sein Jahr ausgedienet, und nicht mehr bey seinem Herrn verbleiben wollte, solle solcher Herr, nebst Ertheilung eines guten Abschiedes ihme auch seine Besoldung, richtig und ohne Abzug zu bezahlen, schuldig seyn. So ferne er es aber in Güte nicht bekommen möchte, bis dahin bis zu völliger Contentirung ihnen kein Trompeter oder Paufker gestattet, und solche Ritterliche Kunst bey allen löblichen Gerichten, bey ihren erlangten Reichsprivilegien, geschützt werden solle. Ich komme nun

1) Auf den Gehalt oder Sold,
2) Die Montur.
3) Das Quartier.
4) Das Pferd.
5) Den Rang.

Der Sold, wie ich oben gezeigt habe, ist verschieden, und man muß eine richtige Eintheilung treffen, wenn man in jedem Verhältniß durchkommen will.

Der Trompeter muß dem Reuter, der sein Pferd füttert und putzt, und Sattel und Zeug, Stiefeln ꝛc. renoviret, monatlich wenigstens zwölf Gr. bezahlen. Und da die gewöhnlichen Montirungsstücke nicht zureichend sind, so muß er ferner sein apartes Kleid, Hut, Stiefeln und seine Wäsche sich anschaffen; und andere Ausgaben mehr, die theils zur Ordnung, theils zum Staate gehören, davon besorgen. Denn ein Trompeter soll und muß Staat machen, zumal, wenn er noch jung und ledig ist.

Der Churfürst von Sachsen läßt gewöhnlich für einen Trompeter- oder Paukker-Scholaren (die nemlich auf Churfürstliche Kosten lernen) monatlich sechs Rthlr. Kostgeld auszahlen, und wenn er beym Regimente engagiret wird, so hat er monatlich 4 Rthlr. 12 oder 16 Gr. Gehalt.

Die Montur ist verschieden: Bey manchen Armeen haben sie feines Tuch mit Chalon gefüttert, und mit goldnen oder silbernen Tressen oder Schleifen besetzt; auf den Hüten Tressen und gute Straußfedern, wie ehedem bey dem Lucknerschen Husaren Corps. Bey andern Armeen tragen sie gefärbte Hahnfedern, oder wol gar keine, und bloße Cordons wie der Unterofficier. Der Rock ist von grobem Tuche mit dergleichen Unterfutter, und mit Seiden- oder Sammetborden besetzt.

In solchen Diensten aber, wo die Trompeter für ihre Montur zugleich besoldet werden, haben sie die Wahl, sich in feines oder grobes Tuch zu kleiden, nur müssen sie alle in der Kleidung übereinkommen.

Ich komme nun auf das Quartier, welches von zweierley Art ist, und daher Stand- oder Cantonierquartier genennet wird. Ich rede hier blos von dem Standquartier, wo ein Regiment Cavallerie entweder in Städten oder auf dem Lande in gewöhnlicher Garnison liegt.

An den mehresten Orten ist eine Servicekasse, aus welcher die Officiers so wie alle Verheiratheten, ihr Quartiergeld erhalten, um sich dafür einzumiethen, und alles dazu Gehörige selbst zu besorgen, welches auch der Trompeter zu benutzen suchen muß.

Das

Das Pferd giebt entweder der Potentat, in dessen Diensten man steht nebst Sattel und Zeug, oder man reitet auch sein eignes Pferd, wie z. B. in Röm. Kayserlichen- Hannöverischen- und Holländischen Diensten, und bekommt doppelte Ration. Jede Ration beträgt gemeiniglich fünf bis sechs Rthlr. monatlich.

Der Rang eines Trompeters kommt nicht bei allen Regimentern überein; gemeiniglich ist er mit dem eines Wachtmeisters in gleicher Abstufung.

Kapitel VII.
Von berühmten Trompetern in alten und neuen Zeiten.

Da ich bereits im ersten Capitel der Trompeter gedacht habe, denen man vormals die Erfindung der Trompete wiewol mit Unrecht zugeschrieben hat; so halte ich es für billig, das Andenken verdienstvoller Männer, die sich in den alten und neuern Zeiten besonders ausgezeichnet haben, erhalten zu helfen, theils vielen zur historischen Nachricht, theils auch andern zum Beyspiel, damit sie sich bewetteifern, ihnen nachzuahmen.

Hier folgen sie nach der Ordnung:

1) Hemann, welcher der größte Trompeter bey den Hebräern gewesen seyn soll. m)

2) Achias, ein griechischer Trompeter, welcher in den bekannten olympischen Streitspielen nicht nur dreymal gekrönet, sondern dem auch, wegen seiner Vortreflichkeit im Blasen, eine Ehrensäule errichtet worden ist.

3) Aglais, eine Tochter des Megaloclis, von Alexandria gebürtig, hat eine starke Trompete geblasen; (soll aber dabey eine starke Fresserin und Säuferin gewesen seyn.)

4)

m) S. Kalkbrenner, kurzer Abriß einer Geschichte der Tonkunst.

4) Talthibius, ein Trompeter des Agamemnons. n)

5) Herodot oder Herodor, ein megarensischer Trompeter, leistete dem Demetrius Poliorcet bey der Belagerung zu Troja so gute Dienste, daß die sonst schwere Kriegsmaschine, Helepolis durch die Soldaten hurtig an die Mauer gebracht wurde. Daß er von Natur sehr groß, aber ein noch größerer Fresser und Säufer gewesen, erzählt Athänäus. o)

6) Misenus, ein griechischer Trompeter des tapfern Hectors p) in dem trojanischen Kriege; welcher, nachdem dieser umgekommen, sich zu dem Aeneas q) begab, und daselbst, weil er die Meer-Götter zum Kampfe auf der Trompete herausgefordert, von dem Heidnischen Gott Triton ersäuft worden seyn soll. Das neapolit. Vorgebirge (ital. Monto oder Capo Miseno), soll, weil er daselbst begraben worden, den Namen davon erhalten haben. r)

7) Stentor, ein berühmter trojanischer Trompeter; hatte eine so starke und brüllende Stimme und eine so gesunde Brust, daß er so stark als kaum zehn andere sprechen und blasen konnte, woher eben das musikalische Beywort Stentota sowol, als auch das Sprachrohr (Tuba stentorea), seinen Namen bekommen haben soll.

Unter den Deutschen haben sich besonders in neuern Zeiten hervorgethan.

1) Hasert, (Johann) geboren zu Bercka 1680, erlernte in der frühesten Jugend die Musik und im siebzehnten Jahre Claviere und Violinen machen. 1699 erlernte er zu Eisenach die Trompeterkunst und 1701 begab er sich in Kriegsdienste, that in Brabant neun Feldzüge nach einander, und be-

---

n) Agamemnon war der mycenische König, der zehn Jahre lang die bekannte trojanische Belagerung commandirt hat.
o) lib. X. p. m. 414.
p) Hector war ein berühmter trojanischer General.
q) Aeneas war ein trojanischer Prinz.
r) S. Virgil. lib. VI. Aeneid. v. 232. sqq.

Erster Theil.

besuchte auch zur Winterszeit die Collegia musica, überall fleißig. Hierauf trat er 1709 als Hoftrompeter in Hochfürstl. Eisenachische Dienste, wo er allerhand gute musikalische Instrumente verfertigte.

2) Kegelmann, (Johann) ein Preußischer Trompeter, war zugleich ein guter Theoretiker und Componist, und machte sich nach Geßners *) Berichte besonders durch den **Druck** eines musikalischen Buchs, unterm Titel: Concentus trium vocum, Ecclesiarum usui in Prussia praecipue accommodatos, zu Augspurg bekannt.

3) **Nicolai,** (**Christian** August) Hochfürstl. **Sächs. Cammer**=Hof= und Feldtrompeter, wie auch Geheimder Cammerdiener beym verstorbenen Herzog Christian zu Weissenfels, stand an diesem Hofe wegen seiner Geschicklichkeit in großem Ansehen, und war zugleich ein Liebling des Herzogs. Aber nach dessen Tode 1738, wendete er sich zum Fürsten von Thurn und Taxis, wo er in der nemlichen Qualität in einem hohen Alter 1760 verstarb, welchem sein Sohn, der vorher Hoftrompeter zu Anhalt=Zerbst war, succedirte.

4) Vogtländer, (Gabriel) ein Königl. Dänischer Hof= und Feldtrompeter, gab 1742 Oden und Lieder, auf vieler italiänischen, französischen, englischen und deutscher Componisten Melodien, in Folio heraus.

5) Druschezky, (George) bestallter Landschaftspaukker zu Linz in Oesterreich, edirte artige Partien und Suiten zu verschiedenen Blasinstrumenten, die bey der K. Kayserl. Armee durchgängig bekannt sind, und soll nicht nur ein geschickter Paukker seyn, sondern auch ziemliche Naturgaben und Kenntnisse in der musikalischen Composition besitzen.

6) Schreck, (J.) war ehedem Hof= und Concerttrompeter zu Sachs. Gotha, und componirte verschiedene Stücken.

Es ist ausser allen Zweifel, daß die Ehre als ein wesentlicher Theil der Belohnung des Künstlers angesehen werden muß, welche die Kinder rechtschaffenen Aeltern, auch nach ihrem Tode zu erzeigen, verpflichtet sind. Und da ich hier anderer verdienten Kunstverwandten gedacht habe, wird es mir auch wol

*) Partition univers. lib. **VII.** tit. **7.**

wol erlaubt seyn, etwas weniges von meinem sel. Vater zu erwähnen. Sollte auch hierinn nichts merkwürdiges vorkommen, so wird man doch wenigstens die Veränderung der Zeiten und den Verfall des Metiers hieraus ersehen. Ich verhoffe um so viel weniger, daß man mich deßhalb eines eigenen Ruhms beschuldigen werde, da ich hiervon mehr mit Wahrheit sagen könnte, als ich wirklich thue, weil noch jetzt Personen am Leben sind, die ihn persönlich gekannt haben.

7) Altenburg (Johann Caspar) wurde 1689 zu Alach (einem bey Erfurt liegenden Dorfe) geboren; hier wurde er von seinen Aeltern zur Schule, und hernach zur Erlernung der Musik angehalten. Weil er nun zu letzterer besondere Lust und Naturgabe hatte, entschloß er sich, die Trompeterkunst zu erlernen, und begab sich daher 1707, mit Bewilligung seiner Aeltern, nach Weissenfels zu dem Hoftrompeter Röbock in die Lehre. Nach Verlauf der Lehrzeit nahm ihn der Sächs. Prinz Johann Adolph (ein Bruder des regierenden Herzogs Johann George) mit sich in Heßische Kriegsdienste, und engagirte ihn an sein eigenes Cavallerie Regiment, das er commandirte. Hier wohnte er zwey Jahr dem in den spanischen Niederlanden wider Frankreich geführten Kriege und dem damals merkwürdig blutigen Treffen bey Malplaquet, mit bey; 1711 wurde er vom regierenden Herzog zu Weissenfels Johann George als Hoftrompeter angenommen, auch hierzu von diesem Prinzen mit einer besondern Recommendation versehen. 1714 verheyrathete er sich zum erstenmal. Als dieser Herzog das folgende Jahr darnach mit Tode abgieng, wurde er vom folgenden Herzog Christian 1722 t) zum Cammertrompeter ernannt, und zugleich kurz hernach 1724 u) mit Erhöhung

---

t) Demnach des Durchlauchtigsten Fürsten und Herrn, Herrn Christians, Herzogs zu Sachsen, Jülich, Cleve und Berg, auch Engern und Westphalen rc. Unsers gnädigsten Herrn rc. Hochfürstl. Durchl. Johann Caspar Altenburgen, das Praedicatum eines Cammertrompeters, in Gnaden beygeleget. Als haben Höchstgedacht Se. Hochf. Durchl. ihm gegenwärtiges Decretum unter Dero eigenhändigen Hohen Unterschrift und vorgedruckten Geheimen Cammer-Canzley-Secret darüber ausfertigen lassen. So geschehen, auf Dero Residenzschlosse Neuaugustusburg zu Weissenfels, den 21sten December, Anno 1722.
(L. S.) Christian. H. z. S.

u) Von Gottes Gnaden wir Christian, Herzog zu Sachsen, Jülich, Cleve, Berg, Engern und Westphalen, Landgraf in Thüringen, Markgraf zu Meissen, auch Ober- und Niederlausitz, gefürsteter Graf zu Henneberg, Graf zu der Mark, Ravensberg und

hung seines Gehalts, **in die Capelle** gezogen, welche damals in grosser Aufnahme war, **1730** gieng seine Ehefrau mit Tode ab, mit welcher er fünf Kinder gezeugt hatte. **1731** hatte er mit seinem Kameraden Nicolai die Gnade, sich in Leipzig vor dem König von Polen Friedrich August I. öffentlich **hören** zu lassen, wo einem jeden die Hofdienste in der Capelle **mit 600 Rthlr.** Gehalt durch den Capellmeister Heinchen angetragen wurden, welches aber, weil sie ihre Abschiede vom Herzog nicht erhalten konten, nicht geschah. Auch liessen sie sich damals am Berlinischen Hofe in der Capelle hören. **1732** that mein ſ Vater, **mit Erlaubniß** seiner Herrschaft, eine Reise in die thüringische Gegend, um daselbst seine Anverwandten zu besuchen. Bey dieser Gelegenheit sahe er sich zugleich an verschiedenen deutschen Höfen um, als zu S. Gotha, von da reisete er nach Bayreuth, Nürnberg, Anspach, Stutgardt, Cassel, Braunschweig, Wolfenbüttel, Schw. Sondershausen. Eine andere Reise machte **er 1733 in** die Städte, Hamburg, Schwerin und Strelitz. An allen die**sen und vorgedachten** Höfen ließ **er** sich mit nicht geringem Beyfall **hören, und wurde** auch an etlichen **nicht nur** reichlich beschenkt, sondern **es wurden ihm** auch die **Hofdienste angetragen.** Man hatte an manchen Hö-

Barby, Herr zum Ravenstein ꝛc thun kund und bekennen, **daß wir unsern lieben getreuen Johann Caspar Altenburg,** zu unserm Cammer-Trompeter auf- und angenommen, sothergestalt, daß uns er getreu, hold und mit einem rüstigen Pferde dienstgewärtig seyn, unsern Nutz und Frommen nach seinem Vermögen schaffen und befördern, hingegen Schaden, Schimpf und Nachtheil warnen, wenden und vorkommen soll, insonderheit aber sich nach uns und derojenigen, an welche wir ihn weisen werden, Befehl und Anordnung verhalten, und sich vor einen Cammer-Trompeter im Hoflager zu Filde, zum Verschicken, zu musikalischen Verrichtungen und wozu wir seiner sonsten bedürftig seyn möchten, gebrauchen, und sich jederzeit wol berieten finden lassen, damit er **uns** auf denen Reisen folgen könne, auch sonsten alles andere thun und **verrichten,** was einem getreuen Diener gegen seinen Herren eignet und gebühret, welches **er also zu thun** pflichtmäßig versprochen und zugesaget hat.

Dagegen **und damit er** solches unsers Dienstes desto besser und fleißiger abwarten möge, wollen wir ihm, nebst **freyem** Futter auf dem Pferd, jährlich von nun oba michwenm Ostern anzurechnen, 300 Thaler, als: 220 Thaler aus der unterm Hofrath Büttner anvertrauten Kaſſe und 80 Thaler aus unserer Schatull, wegen ihrer musikalischen Dienste, als eine Zulage, auch hierüber gewöhnliche Kleidung reichen und folgen lassen. Zu Urkund haben wir uns eigenhändig unterschrieben **und** unser Geheimes Cammer Cantzley-Secret wissentlich vordrucken lassen. So geschehen, auf unserm Residenzschlosse Neuaugustusburg zu Weissenfels, den 17ten July, Anno 1724. (L.S.) Christian, H. z. S.

Höfen die prächtige von seinem Herzog erhaltene livree sehr bewundert; und er hat mir selbst die gute Aufnahme und ihm wiederfahrne Höflichkeit öfters gerühmt. Da die vorige Reise eigentlich der Hauptzweck dieses Unternehmens, und der Besuch bey seine Anverwandten nur ein Vorgeben war, so glaubte er auch bey seiner Rückreise nicht, daß jemand etwas davon wissen werde. Da aber der Herzog Christian hiervon in verschiedenen Zeitungen gelesen hatte, war es verrathen. Der Herzog hielt es ihm vor, erhöhete ihm aber, anstatt eines verdienten Verweises, seine Besoldung jährlich bis auf 300 Rthlr.

In eben diesem Jahre verheyrathete er sich zum zweytenmale; und 1734 wurde er nebst seinem Cameraden Nicolai auf gnädigsten Befehl des Herzogs von Weymar verschrieben, um bey dessen bereits erwähntem Freysprechen gegenwärtig zu seyn. Und da sie bey dieser Gelegenheit sich beyde hören ließen, erhielt ein jeder 50 Thaler zum Geschenk, und freyen Unterhalt im Gasthofe.

Als hierauf 1738 der Herzog Christian in Weissenfels mit Tode abgieng, welchem nunmehr der dritte Bruder Johann Adolph in der Regierung succedirte, wurde diese ansehnliche Capelle nach und nach eingezogen, wovon ich hernach noch etwas sagen werde, aber mein s. Vater wurde mit Beybehaltung seiner Besoldung zum Hof-Cammer- und Reisefourier gnädigst bestellet. Und da der Herzog zugleich als Feldmarschall die Churf. Armee commandirte, muste er in dem bekannten Kriege und Campagnen 1744, 1745, beständig für seinen Herzog und dessen bey sich habenden Hofstaat, vorzüglich die Quartiere besorgen. Und da endlich 1746 nach dieses letztern Herzogs Absterben der ganze Hof eingieng, wurde ihm von dem bekannten Premier Minister Graf von Brühl freygestellet, daß er sich entweder die Hofdienste in Dresden oder 100 Thaler Pension jährlich erwählen möchte; Dieses letztere zog er jenem vor, da er sich nach Ruhe sehnte, und brachte daher die übrigen Jahre vollends in Ruhe zu, bis er endlich sein Leben 1761 im 73sten Jahre seines Alters beschloß. Nachdem er dem Fürstl. Weissenfelser Hofe und zwar den drey letztern regierenden Gebrüdern 35 Jahr lang zu dienen, die Gnade gehabt hatte. Binnen dieser Zeit hat er meine zwey ältern
Brü-

Brüder durch seine Vorbitte bey letztgedachtem Herzog als Hoftrompeter in Dienste angebracht, und viele gute Scholaren gezogen.

Sein Ton im Clarinblasen und die verschiedene Modification desselben, welchen er mit dem singenden und fliessenden Wesen geschikt zu verbinden wußte, die Fertigkeit in der Höhe und Tiefe, der Ausdruck der mancherley Manieren, und der Vortrag war bey ihm, ohne Ruhm zu melden, etwas naives und besonderes. Das Clarinblasen wurde ihm gar nicht schwer, und er wußte es auch so schwach vorzutragen, daß man es kaum hören, und dennoch jeden Ton insbesondere deutlich vernehmen konnte. Im Clarinblasen war er überhaupt stärker als im Feldstück und Principalblasen, und daher war ihm auch nicht eine jede Trompetencomposition anständig. Die Stücke von den damaligen Componisten Thelemann, Förster, Linicke, Fasch und Schreck schätzte er besonders hoch. In seiner Anweisung zur Musik war er, wie gewöhnlich, mehr practisch als theoretisch, und in seinem Umgange sehr leutselig, freundlich und dienstfertig.

Sollten aber nicht andere brave Leute mehr ihren Platz hier finden? — Allerdings würde ich dies mit Vergnügen gethan haben, wenn mir die Namen derselben von andern zugeschickt worden wären. Inzwischen will ich dennoch das

Verzeichniß

der am Sächs. Weissenfelsl. Hofe, als derselbe 1746 mit dem Herzoge Johann Adolph ausstarb, damals befindlich gewesenen Kunstverwandten hersetzen, wie sie dem Alter und Range nach auf einander folgten.

1) Johann Caspar Altenburg, Cammer-Hof- und Feldtrompeter, auch Hof-Cammer- und Reisefourier,

2)

2) Christoph Arnoldt, Hochfürstl. Sächs. Hof- und Feldtrompeter und Hoffourier.
3) Johann Christian Günther, Hochfürstl. Sächs. Hof- und Feldtrompeter, auch Hoffourier.
4) Andreas Krebs, Fürstl. Sächs. Hof- und Cammertrompeter.
5) Johann Rudolph Altenburg, Fürstl. Sächs. Hof- und Feldtrompeter.
6) Johann Friedrich Löffler, v) Fürstl. Sächs. Hof- und Feldtrompeter.
7) Christian Ernst Kettner, Fürstl. Sächs. Hof- und Feldtrompeter.
8) Johann Christoph Altenburg, Fürstl. Sächs. Hof- und Feldtrompeter.
9) Johann Heinrich Thalacker, Fürstl. Sächs. Hofpaucker und Musikus.

Verzeichniß

der Röm. Kayserl. Hoftrompeter zu Wien, welche 1766 an der dasigen Capelle angestellt waren.

1) Ernst Bayer.
2) Franz Kreybig.
3) Andreas Hübler.
4) Neuhold.
5) Koch.
6) Hofbauer.

---

v) Diesen nahm die verwittwete Herzogin als ihren Hoftrompeter und Hoffourier an, und mit sich nach Langensalze, wo sie ihren Wittwensitz hatte und auch gestorben ist.

Verzeichniß
der sämmtlichen Kunstverwandten an Churf. Hofe zu Dresden, 1771.
1) Johann Friedrich Schröter, Oberhoftrompeter, diesem ist adjungiret:
2) Johann Christoph Schlegel, Hof= und Feldtrompeter.
3) Johann Gottlieb Frey, Hof= und Feldtrompeter.
4) Johann Wilhelm Kaditsch, Hof= und Feldtrompeter.
5) Johann Benjamin Wolf, Hof= und Feldtrompeter.
6) Johann Caspar Wolf, Hof= und Feldtrompeter.
7) George Andreas Wehlemann, Hof= und Feldtrompeter.
8) Christian Gottfried Mathäi, Hof= und Feldtrompeter.
9) Johann Christoph Hoffmann, Hof= und Feldtrompeter.
10) Johann Christian Salomon, Hof= und Feldtrompeter.
11) Johann Nicolaus Geiße, Hof= und Feldheerpaukker; ist zugleich ein guter Mathematicus.

Anjetzo soll der Sage nach Herr Kaditsch Oberhoftrompeter seyn.

Schluß des ersten Theils.

Praktischer Unterricht

zu

Erlernung der Trompeten und Pauken,

mit Regeln und Exempeln

erläutert.

Zweiter Theil.

Kapitel VIII.

Von den Trompetenklängen, Intervallen und Verhältnissen derselben.

Es wird wol ein jeder Musikverständiger zugeben, daß derjenige, welcher ein musikalisches Instrument betreibt, um es recht in seine Gewalt zu bekommen, zuförderst eine genaue und richtige Kenntniß von der Natur und Eigenschaft desselben haben müsse.

Zu einer jeden Kunst gehören zwey Hauptstücke, als: 1) eine Wissenschaft, (Theorie) und die Ausübung derselben (Praxis). Daher müssen die zwey Stücke, wissen und können genau mit einander verbunden werden, wenn jemand seine Kunst recht und gründlich erlernen will, ausserdem kann man auch nicht mit Wahrheit sagen, daß jemand Meister der Kunst sey.

Versteht jemand seine Kunst blos theoretisch, das heißt: daß er alles weiß, was dazu gehört, kann aber auf dem Instrumente nichts leisten; so hilft ihm das eben so wenig als andern, die nur davon zu urtheilen wissen. Hat er hingegen Fertigkeit, und weiß keinen Grund von der Sache anzugeben, so zählt man ihn heutiges Tages unter die Klasse der Handwerksmusikanten. Wer nun seine Kunst sowol theoretisch als praktisch erlernt hat, von dem kann man auch erwarten, daß er in derselben immer größere Fortschritte machen werde.

Beides ist nun wol bey unserer Trompete um soviel nöthiger, theils wegen der darinn mangelnden und unreinen Töne, theils aber auch, weil uns dies Instrument zu musikalischen Geheimnissen mehrere Anleitung als andere gekünstelte Instrumente giebt.

Ich werde mich bemühen, das Nöthigste und Wichtigste so deutlich als möglich auseinander zu setzen.

Das Erste, worauf man vor allen andern nothwendig merken muß, ist die Verschiedenheit des Klanges, den ich in einer dreyfachen Rücksicht betrachte: als

1) Den **Klang** überhaupt.

2) Jeden **Klang** insbesondere, und

3) Einen im **Verhältniß** gegen den andern.

Der Klang dieses Instruments überhaupt

entsteht eigentlich daher: wenn zwey flüßige Körper auf einander stoßen, oder wenn eine Luft gegen die andere getrieben wird, indem hierdurch die hineingestoßene Luft so lange krumm herum gehet, bis die ganze Metallröhre dadurch in ein Zittern geräth, welches sie der äußern Luft mittheilt, oder dawider anstößt. Je stärker nun die Luft in Bewegung gesetzt wird, und jemehr man ihre Bewegung zusammenhalten kann, desto stärker wird auch der Klang. Die Trompete thut also weiter nichts, als daß sie die Stärke des Klanges überhaupt bestimmt. Diese Entstehungsart des Klanges geschieht nun ebenfalls bey der Singstimme, Orgel und bey allen Blasinstrumenten, die man insgemein Pneumatica nennt.

Formation des Klanges.

Schon längst finden wir bey diesem ungekünstelten Körper die Klänge geordnet, wie sie nach einander fortgehen sollen, ob man dies gleich nicht auf einmal, sondern nach und **nach, in** gehörige Ordnung gebracht hat.

Wir haben in der Tiefe eine Reihe von sieben wohllautenden Klängen, die darauf ohne große Kunst angeblasen werden können, so, daß nicht leicht andere dazwischenliegende herauszubringen sind, ob sie gleich die Natur nicht mit Stufen, sondern sprungweise darein geleget hat. Die Ursache davon ist: weil zu den tiefen Klängen ein ganz schwacher Luftstoß nöthig ist, welcher nur die vollkommensten Luftbebungen (Vibrationen) hervorbringen kann, so ist daher der Blasende nicht im Stande, **mehrere** dazwischen liegende und schwerere anzublasen. Je nachdem nun gedachter Luftstoß mit einer großen oder kleinen Oeffnung des Mundes geschieht, je nachdem entsteht auch daraus eine langsame oder geschwinde Luftbewegung, folglich ein tiefer und hoher Klang. Eben daher weil die hohen Klänge mehrere Vibrationen machen, fallen sie auch dem natürlichen Gehör stärker und durchdringender als die tiefen. Je höher man nun steigt, desto mehr finden wir auch Klänge darin, die schon etwas schwerer und mühsamer herauszubringen sind. Man sehe hier nach, was ich von der **Formation des Klanges** gesagt habe. Ich sehe mich genöthigt, dieses etwas deutlicher zu erklären.

Ich weiß wol, daß die Trompeter die tiefen Klänge im Feldstück und Principalblasen, um mehrerer Ausfüllung willen, gewöhnlich stark anblasen und es zu übertreiben pflegen, von welchen aber hier die Rede nicht ist. Und von den dazwischen liegenden glaube ich, daß es vielleicht von manchen durch einen geschickten Ansatz möglich zu machen ist. Aber mit welcher Mühe! Das Aushalten eines solchen gekünstelten Klanges auf einer langen Note, etliche Takte lang, ist wol Niemand im Stande. Bey durchgehenden und kurzen Noten kann es allenfalls stattfinden; und dennoch ist es kein natürlicher, sondern nur durch die Kunst erzwungener Klang.

Die Vorstellung dieser Trompetenklänge kann auf zweyerley Art, mit und ohne Notenleiter, geschehen. a) Ihr Umfang erstreckt sich bekanntermaßen über vier Oktaven, nachdem einer hoch hinauf steigen kann.

Auf der Notenleiter geschieht es, ausser den beyden tiefsten Tönen, mit Voransetzung des gewöhnlichen Französischen oder Violinschlüssels. Z. E.

 u. s. w.

―――――――――――――――――――――――――――
a) Bey Benennung derselben haben manche musikalische Scribenten im Gebrauch, daß sie ihnen wunderliche Namen, als Flattergrob, Grob- und Faulstimme u. s. w. beilegen, wie man in Walthers Lexicon und Albrechts Anweisung zur Musik antrift. Und wenn man sie diesfalls um die Ursach davon fragen würde, so zweifle ich, ob sie sie

Verbesserung der Notenleiter.

Da nun aber die Trompete in der Tiefe eine andere Klangreihe als andere musikalische Instrumente hat, so wäre es wol nicht unrecht, wenn man sie in eine compendiösere Notenleiter zu verwandeln suchte. Z. B.

[Notenbeispiel: g c e g c d e f g a h c]

Diese Notenleiter hielte ich meines Erachtens nachfolgender Ursachen wegen für besser, als die ordinaire, 1) weil das öftere darunter und darüber Schreiben und liniren hierdurch wegfiele; wie sich denn auch 2) keiner dabey verirren könnte, indem in der Tiefe keine andere Klänge dazwischen liegen. Zum Principal brauchte man daher nur zwey Linien, als: [Notenbeispiel: g c e g] und zu den Paukennoten nur eine, [Notenbeispiel: g c]. Beym lezteren dürfte wol dieser Vortheil manchem, der mit keinem Rostral versehen ist, sehr wohl zu statten kommen.

Ich gestehe zwar selbst, daß dies von mir ein überflüßiger, aber auch möglich zu machender Gedanke sey, worauf gleichwol meines Wissens noch keiner gefallen ist. Inzwischen dürfte man nur eine Probe anstellen, und sich erstlich diese Noten gut bekannt machen, alsdenn aber einige Bicinia und Aufzüge darauf sezzen, und sich eine kurze Zeit darin üben, so würde man ihrer bald kundig werden.

Jeder Klang insbesondere.

Weil nun die tiefen Klänge in ihren Proportionen und Verhältnissen richtig sind, so sind sie daher auch dem Gehör nach vollkommen rein. Man bedient

würden angeben können. Die Klänge können aber auch mit blossen Buchstaben vorgestellt werden. Eine Bezeichnung, die noch aus der altteutschen Tabulatur ihren Ursprung hat. Z. E.

groß,	ungestrichen,	eingestrichen,	zweygestrichen,	dreygestrichen,
C.	c g	c e g	c d e f g a h	c d e ʀc.

dient sich ihrer vorzüglich auf schmetternde Art, zum Feldstück, Principal- und Tafelblasen, wiewol wir sie auch bey zwey und mehreren Trompeten zugleich zum Secundiren und zur Begleitung schwach brauchen. Nur ist das tiefe oder große C davon ausgeschlossen, weil es nur ein flatternder Klang, und nicht gut herauszubringen ist.

Gehen wir aber weiter in die Höhe, so finden sich schon mehrere Schwierigkeiten. Man bemerkt 1) in der ein- und zweygestrichenen Oktave die unreinen Klänge, die ich ais nenne, indem sie als b oder hes zu niedrig sind. b) 2) zwischen $\overline{e}$ und $\overline{g}$ einen andern unreinen Klang, welcher gleichsam zwischen f und fis schwebet, indem er keinen von beyden rein angiebt, und daher ein musikalischer Zwitter zu nennen ist; 3) daß das $\overline{\overline{a}}$ auch nicht rein, sondern etwas zu niedrig klingt, welches aber von keiner großen Bedeutung ist.

Ueber diesen Umfang der vier Oktaven können große Künstler noch viel höher hinauf steigen, und dabey die in der Höhe liegenden halben Töne (Semitonia) nicht nur so ziemlich heraus bringen, sondern auch die von Natur unreinen, durch einen geschickten Ansatz und vermittelst eines guten Gehörs, verbessern. Daher können sie sich auch aus andern Tonarten, als G dur und moll, F dur und moll, nemlich mit andern Instrumenten zugleich, Solo hören lassen.

Wenn aber einige es wagen, in der zweygestrichenen Clarinoktave andere Semitonia, als besagtes fis und ais zu suchen, so heißt das eine Kunst übertreiben, und fällt daher, sonderlich bey langen Noten, ins Lächerliche und Abgeschmackte. Diese Oktave gebraucht man meistens diatonisch, wiewol man auch in Ansehung fis und ais chromatisch blasen kann.

Diatonisch und chromatisch.

Viele sind der falschen Meynung, daß dasjenige diatonisch heiße, wo keine ♯ und b vor den Noten vorkommen, allein auf die Art müßten C dur und

---

b) Der seel. Kirnberger in seiner Anweisung zum Clavierstimmen nannte sie i, und zählt sie mit zu den Consonanzen, indem er sagt: daß die übermäßige Sexte etwas gefälliges habe. Hier ist nicht der Ort, eine nähere Untersuchung über dieses Intervall anzustellen. Ueberdies gehört eine solche Untersuchung in ein theoretisches Lehrbuch.

und A moll nur allein, und keine andere Tonarten mehr, diatonisch seyn, da man doch gleichwol aus allen Tonarten diatonisch und chromatisch, musiciren kan. Wir wissen ja, daß ein jedes Stück seinen gewissen Haupttton haben muß, auf dessen Tonleiter die ganze Melodie beruhet. Nun hat die Natur einer jeden Tonart eine Reihe von acht Klängen nach einer bestimmten Stufenordnung vorgeschrieben, die ihr nur allein, und keiner andern zukommen. So lange man nun in diesen acht Klängen nur allein fortschreitet, singt oder spielt, so lange modulirt man auch diatonisch; sobald man aber diese Klangreihe verläßt, und einen oder zwey fremde darzu nimmt und ergreift, sobald weicht man auch in eine andere Tonart aus, und diese Verwechselung der Tonartsreihen oder Klangstufen heißt: chromatisch moduliren. Folglich ist nun Fis dur und Es moll, mit sechs ♯ oder ♭ eben so diatonisch als C dur und A moll.

Wenn man nun Fis ergreift, so modulirt man ins g; weil Fis ins G dur gehört. Ergreift man aber das hohe b, so ist man im F dur zu Hause, weil dieses darin liegt. Ein Beyspiel hiervon wird die Sache deutlicher machen:

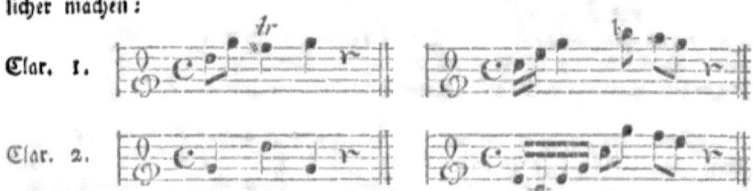

Es ist und bleibt daher die diatonische Art die gewöhnlichste und beste. Die Ursach davon mag wol diese seyn: weil die Trompete, aus Mangel der halben Töne in der Höhe, und der ganzen Töne in der Tiefe, eine natürliche Melodie nur im diatonischen Geschlechte hervorbringen kann, indem der Dreyklang in der Tiefe nur hierzu harmonirt. Z. B.

Wollte man nun weiter hinauf gehen und das fis g ergreifen, so hieß es schon chromatisch fortgeschritten und ausgewichen.

Daß

73

Daß wir aber die Trompeten Noten gewöhnlich in der C dur Leiter vorzustellen pflegen, kommt wol daher, weil sie die leichteste und erste Tonart unter allen ist, die weder eines ♯ noch ♭ bedarf. Denn sonst müste es in andern Tonarten eben so gut angehen, als hierinne, wenn es eingeführt wäre, oder noch eingeführt würde. Und daher ist es auch dem Trompeter bey einer Musik mit andern Instrumenten einerley, in welcher Tonart musicirt wird, und ob er aus dem C oder Cis dur bläst; weil seine Noten allemal in der Tonart C stehen.

Verbesserung der unreinen Klänge.

Derjenige, der mit einem gesunden Gehöre begabt ist, wird bald gewahr, daß gedachte vier Klänge, als f a ais, wiewol einer mehr oder weniger als der andere, nicht völlig rein sind; daher muß man sie auch nothwendig durch einen geschickten Ansatz und eine proportionirte Anstrengung zu verbessern suchen, wenn wir anders das Wort kunstreich und kunsterfahren mit Recht verdienen wollen.

Ich will mit dem tiefen ais oder b den Anfang machen. Man wird leicht bemerken, daß dieser Klang zu keinem andern, weder höhern noch tiefern, harmonirt, und daher völlig unbrauchbar ist; in der Höhe aber ist er allenfalls, jedoch mit b vor h bezeichnet, noch einigermaßen brauchbar, wie vorhergehendes Exempel vom chromatischen Geschlechte beweiset. Auch ist er in ungewöhnlichen Tonarten, als F dur und G moll, gar nicht zu entbehren. Nur muß man ihn im Gebrauche, vorzüglich bei langen Noten, etwas zu erhöhen suchen, weil er sonst, in Betracht gegen andere, etwas zu niedrig klingen würde.

Der zwischen e und g sich befindende Klang giebt weder f noch fis rein an, denn als f ist er etwas zu hoch, und als fis zu niedrig. Soll nun dieser seine gehörige Wirkung thun, so muß man ihn als f nothwendig fallen lassen, oder erniedrigen: aber als fis suche man ihn aufwärts zu treiben oder zu erhöhen; welches letztere auch beym a zu beobachten ist, indem das ebenfalls um etwas zu niedrig klingt.

Zweyter Theil.   K   Ich

Ich habe bereits gesagt, daß man diesen Vortheil vorzüglich bey langen Noten in Acht zu nehmen habe; denn in der Geschwindigkeit kann es der Blasende ohnedies nicht prästiren, so wie es auch der Zuhörer nicht bemerken würde.

Sollte aber mancher, wider Vermuthen, dies für Kleinigkeiten ansehen, und f für fis oder b für h, und umgekehrt, anblasen, der wird bald überzeugt werden, daß er auch die allerbeste Melodie disharmonisch machen würde. Z. B.

Allein Gott in der Höh sey Ehr ꝛc.

Ein jeder sieht leicht ein, daß es bey 1) nicht fis, sondern f, bey 2) hingegen nicht f, sondern fis seyn muß; weil hier die Melodie ins G dur geleitet wird, welches aber vorher bey 1) nicht der Fall ist.

So lange nun blos ein Trompeter allein mit andern Instrumenten zugleich bläst, kann er sich schon nach dem Gehör darnach richten. Werden aber mehrere Trompeten zugleich geblasen, so wird schon größere Aufmerksamkeit erfordert, daß sie in der Höhe auch zu andern Instrumenten harmoniren.

Sollen aber Trompeten zu einem temperirten Instrumente und vornemlich zum Orgelwerke geblasen werden, so giebt es noch mehrere Schwierigkeiten, wovon Sorge c) in seinem Traktat von der Stimmung umständlich handelt. Denn so viel ist gewiß, daß, woferne nicht Trompeten und Pauken die Orgel meistens übertäubten, man die Disharmonie, zumal bei unrichtiger Einstimmung der Blasinstrumente, sehr oft empfinden würde.

Dieser Sorge hat eine Tabelle entworfen, darin gezeigt wird, welche Klänge man auf der Trompete verbessern solle.

An einem andern Orte wirft er die Frage auf: „ob man auch Bedenken tragen dürfe, die gleichschwebende Temperatur in der Orgel, wegen der Trompeten einzuführen; welches er so beantwortet: „Wenn man auch die Töne in der Orgel d, e, g, a, so einstimmen wollte, wie sie

---

c) Ein ehemaliger Hof- und Stadtorganist zu Lobenstein.

sie die Trompete in den Verhältnissen oder **Terminis** 9 : 10, 12 : 13 angiebt, so würde dennoch $\left(\genfrac{}{}{0pt}{}{fis}{f}\right)$ und $\left(\genfrac{}{}{0pt}{}{b}{ais}\right)$ wenn man sie anbläset, nimmermehr mit der Orgel übereinstimmen. Können und müssen sie nun in ihren von Natur falschen Tönen temperiren, so können sie es auch in denen, die dieselbe rein angiebt, noch viel eher thun ꝛc. Und hier hat Sorge ganz recht.

Mattheson hat sich ebenfalls die unnöthige Mühe gegeben, die Verhältnisse der Trompete, gegen andere Instrumente, nach dem Monochord genau zu untersuchen, worinn er sowol von der Trompete als vom Waldhorne handelt. Dies sind aber zum Theil musikalische Subtilitäten, die zwar mit dem Gesichte zu unterscheiden, aber vom Gehör nicht zu vernehmen, und überhaupt nicht abzuändern sind.

So viel folget noch daraus, daß ein Concerttrompeter vorzüglich auf eine richtige Einstimmung seines Instruments sowol als auf die Verbesserung der von Natur unreinen Klänge bedacht seyn müsse. Man lese nach, was von Sordun angeführt ist.

Alles dieses möchte nun zwar einem bloßen Praktiker genug seyn, wenn man nicht wüßte, daß der lehr- und wißbegierige Theoretiker die Töne seines Instruments nach ihrem innern Wesen genau kennen zu lernen, schon längst gewünscht hätte. Denn wenn gefragt würde, um wie viel ein jeder der unreinen Klänge zu hoch oder niedrig sey, so könnte man nicht antworten, noch weniger etwas gewisses bestimmen.

Lasset uns noch einen Klang gegen den andern betrachten.

Intervalle.

Um dies zu bewerkstelligen, muß man zuerst die Trompetenintervalle nebst ihren Verhältnissen genau kennen lernen, und weil diese auf der Trompete in ihrer schönsten Ordnung auf einander folgen, so giebt sie uns selbst die beste Gelegenheit hierzu an die Hand.

Es wird daher nöthig seyn, zuerst zu erklären, was eigentlich ein Intervall sey? — Ein Intervall ist eine gewisse Stufenweite, oder der Zwischenraum zwischen zwey verschiedenen Klängen. Hieraus folgt, daß zwey Klänge von gleicher Größe kein Intervall ausmachen; und daher kann ich auch nicht sagen, daß c und c oder d und d ein Intervall sey: hingegen sind c cis, c d, u. s. w. Intervallen. Sonst wird auch gewöhnlich das Wort Ton in dem Verstande eines abgemessenen Intervalls genommen, wenn man nemlich von einem Klange in den andern fortschreitet.

Diese Intervalle werden allemal **von dem** tiefern, als dem Grundtone, nach den gewöhnlichen Graden und Klangstufen abgezählt, mit Zahlen bemerkt, und auf folgende Art benennt. Z. B.

c	d	e	f	g	a	h	c
1.	2.	3.	4.	5.	6.	7.	8.
Prime oder Grundton.	Sekunde.	Terzie.	Quarte.	Quinte.	Sexte.	Septime.	Oktave.

Man sieht hieraus, daß d von c eine Secunde, e eine Terzie u. s. w. ist. Und ob ich hier gleich c **zum Grunde gelegt** habe, so können dennoch diese Intervalle, **von** allen andern Tönen abgezählt werden, **wie es** im Generalbasse **üblich ist**.

Auf der Notenleiter werden sie folgender Gestalt aussehen.

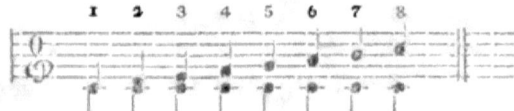

Diese Intervalle kann man auf verschiedene Art betrachten, nemlich der Zeit und dem Raume nach. Jene sind solche, wenn zwey oder mehr verschiedene Töne nach einander folgen, wozu man nur eine Trompete braucht. Diese aber lassen sich auf zwei Trompeten zugleich hören. Der Generalbassist theilt sie ferner ein in con - und dissonirende, große und kleine, verkleinerte und vergrößerte, welche Eintheilung aber zu unserm Zwecke nicht mit' gehöret.

Um nun aber die verschiedenen Größen, Aehnlichkeiten und Verhältnisse derselben genau kennen zu lernen und näher zu bestimmen, hat Kunst und Na-

77

für dem forschenden Verstande die mathematischen Hülfsmittel an die Hand gegeben, nemlich die Zahlen, d) und Linien: daher muß der kunsterfahrne und theoretische Trompeter auch einige Kenntniße von der harmonischen Zahlenlehre und Meßkunst haben, wenn er anders seine Kunst zur rechten Vollkommenheit bringen will. Denn die erste überzeugt den Verstand, und bestimmt die Größen und Verhältniße aufs genaueste, und diese macht sie sicht- und hörbar.

Verhältniße.

Demnach ist ein Verhalt, nach Matthesons Beschreibung, diejenige Beschaffenheit, die zwey gegebene Enden aufweisen. Oder, wie Spieß sagt: die Vergleichung zweyer verschiedenen Größen.

Will man nun eine Zahl oder Linie mit einer andern vergleichen, so muß sie nothwendig auf gleichem oder ungleichem Verhalte beruhen. In jenem Falle, wenn der Verhalt gleich ist, wie beym Einklange, braucht es keiner weitern Eintheilung; in diesem Falle aber sind mancherley Gattungen, deren wir jedoch zu unserm Zwecke eigentlich nur drey gebrauchen, als der reine, oder vielfache, übertheilige und übertheilende Verhalt.

Der erste ist wenn eine große Linie, Saite oder Zahl, die mit einer kleinern verglichen wird, diese grade zwey- drey- und mehrmal in sich faßt, ohne daß etwas übrig bleibt, als z. B.

  1 : 2.   1 : 4. ein- und zweyfache Oktave. e)
  1 : 3.   1 : 6. zwey- und dreyfache Quinte.

Hierher gehören alle die, deren Ende eine Unität ist.

                Der

---

d) Ein anderes aber sind jene Stufenzahlen, welche bloß die äuserliche Anzahl der Grade anzeigen; und wieder ein anderes die Verhältnißzahlen, die auf das innerliche Wesen der Sache gehen, wovon hier die Rede ist.

e) Das Verhältniß eins zu zwey giebt nemlich die Oktave z. B. c̄, c̄; eins zu vier aber die doppelte oder noch einmal so hohe Oktave, z. B. c̄, c. Wer hiervon mehr Unterricht zu haben wünscht, den verweise ich auf Marpurgs Anfangsgründe der theoretischen Musik, oder auf Sorgens Anweisung zur Rationalrechnung. Demjenigen, welcher sich nicht mit schweren Rechnungen befassen will, verbirbt in dieser Rücksicht vorzüglich Türks Anweisung zum Generalbaßspielen empfohlen zu werden, worin S. 15 — 17. eine sehr deutliche Erklärung der obigen und verschiedener der folgenden Verhältnisse enthalten ist.

Der übertheilige Verhalt ist: wenn eine Zahl oder Linie mit einer kleinern verglichen, diese einmal ganz und noch einen gewissen Theil darüber, in sich faßt, welcher durch die Zertheilung gefunden wird. Hierunter gehören:

2 : 3.   3 : 4.   4 : 5.   5 : 6.   8 : 9.   9 : 10.
Quinte. Quarte. Große Terzie. Kleine Terzie. Großer Ton. Kleiner Ton. u. a. m.

Der übertheilende Verhalt ist, wenn die größere Zahl oder Linie, die kleinere ganz und noch darzu etliche zusetzende Theile derselben begreift; z. B.

3 : 5.   5 : 8.   8 : 15.   5 : 9.
die große , und kleine Sexte. die große , und kleine Septime, u. s. w.

Es ist bewundernswürdig, daß die Natur die meisten Intervalle schon in die Trompete, als einen ungekünstelten Körper, gelegt hat. Wer sich davon überzeugen will, der darf nur die Trompetenklänge, wie sie dieselben angiebt, hinschreiben, und die Zahlen in der natürlichen Ordnung darüber oder darunter setzen, so werden sie ungezwungen erscheinen. Z. E.

Verhältnisse der Trompeten-Intervalle.

1. 2. 3. 4. 5. 6. 7. 8. 9. 10. 11. 12. 13. 14. 15. 16.
C   c   g   c̄   ē   g   ais   c̄   d̄   ē   f̄   ḡ   ā   ais   h̄   c̄ ꝛc.

Diese Intervalle sind entweder con- oder dissonirend; wie die Verhältnisse ebenfalls verschieden sind. Will man nun den Verhalt derselben wissen, so siehet man, was ihre Enden für Zahlen bey sich führen; alsdann werden sie uns denselben ganz deutlich zeigen, nemlich:

1) Consonirende.

1 : 2   ist der Verhalt der Oktave   C – c.
2 : 3   ,   ,   Quinte   c – g.
3 : 4   ,   ,   Quarte   g – c̄.
4 : 5   ,   ,   großen Terzie   c̄ – ē.
5 : 6   ,   ,   kleinen Terzie   ē – ḡ.
3 : 5   ,   ,   großen Sexte   ḡ – ē.
5 : 8   ,   ,   kleinen Sexte   ē – c̄.

Ein

Ein jeder wird hier sehen, daß allemal der Nenner des vorigen zum Zähler des folgenden gemacht wird.

2) Dissonirende.

8 : 9   ist der Verhalt des großen Tons   c̄ - d̄.
9 : 10 ,   ,   kleinen Tons   d̄ - ē.
5 : 9   ,   ,   kleinen Septime   ē - d̄.
8 : 15 ,   ,   großen Septime   c̄ - h̄.
15 : 16 ,   ,   großen halben Tons   h̄ - c̄.
24 : 25 ,   ,   kleinen halben Tons   g - gis.

Also haben wir zusammen dreizehn Verhältnisse der Intervallen, sieben con- und sechs dissonirende; und hieraus wird man zugleich ersehen, unter welche Gattung ein jedes gehört.

Hier wird es manchem befremdend scheinen, warum die Verhältnisse der Zahlen 7, 11, 13 und 14 nicht in Betracht gezogen werden? Es geschieht deswegen, weil sie gegen andere völlig unrein sind. Denn eben so wenig als sich die siebende Zahl mit einer andern, als mit 14 verträgt, eben so übel harmonirt auch der Klang ais mit einem andern, unter oder über ihm stehenden Tone; und es erzeugt derselbe, ausser gegen das höhere ais, lauter anarmonische Intervalle. Z. B.

mit c macht es eine fast vergrößerte Sexte $\frac{4}{c} : \frac{7}{ais}$.

mit e   ,   ,   ,   Quarte $\frac{5}{e} : \frac{7}{ais}$.

mit g   ,   ,   ,   Sekunde $\frac{6}{g} : \frac{7}{ais}$.

Berechnet man nun diese, so findet sich, daß die erste um den Verhalt 35 : 36, das zweyte um 63 : 64, und das dritte ebenfalls um 35 : 36 zu klein ist. Eben diese Bewandniß hat es auch mit dem höhern ais, welches oben unter die Zahl 14 fällt.

Und obgleich die, welche auf die Zahlen 11 und 13 fallen, auch unharmonisch klingen, so sind sie dennoch etwas erträglicher. Sonst finden sich in der Höhe noch mehrere und immer kleinere, die aber nicht durchgängig rein sind, son-

sonderlich die auf die Zahlen 17, 19, 21, 22, 23, fallen, u. s. w. Daher müssen diese ebenfalls durch die Kunst verbessert werden.

So wie sich nun diese Verhältnisse in der natürlichen Ordnung vermehren, so verdoppeln sie sich in der hohen Oktave, als: 1:2. 2:4. 4:8. Man ersiehet hieraus, daß die Luftbebungen und Schwingungen der Saiten in eben den Verhältnissen stehen als die Töne selbst, nur aber umgekehrt, so wie sie nemlich dem Gehör beschrieben werden. Denn wenn ich sage, die Oktave c C, verhält sich wie 2:1, so verhält sich die Vibration wie 1:2, und so mit den übrigen allen. Man stelle sich die Sache folgendermaßen vor:

Klang	C	c	c̄	c̿
Fußton	8	4	2	1	½
Vibration	½	1	2	4	8

Der Fußton bedeutet hier die Länge der Trompete, oder der ganzen Saite, und die untersten Zahlen bezeichnen die Luftbebungen oder Schwingungen.

Es giebt noch mehrere Gattungen der Verhältnisse, als: vielfach=übertheilige und übertheilende, arithmetische und geometrische, tief= und erhöhtsinnliche, und andere mehr; weil diese hier aber nicht zu meinem Zwecke gehören, so übergehe ich sie ganz.

Man sehe hierüber: Sorge Anleitung zur Rationalrechnung ꝛc. und Marpurgs Anfangsgründe ꝛc.

Kapitel IX.

Von dem Mundstücke, den Setzstücken oder Aufsätzen, dem Krummbogen und Sordun. (Sordin. Sourdin.)

Unter den Werkzeugen, die ein Trompeter zur Ausübung seiner Kunst braucht, hat wol ohnstreitig, nächst der Trompete selbst, das Mundstück den Vorzug; weil dadurch die Luft in die Trompete gebracht, erschüttert, und solcher Gestalt der Klang hervorgebracht wird. Wir haben dieselben von Silber,

Meßing, Zinn, Horn und dergleichen. Jedoch sind die meßingenen die gewöhnlichsten, weil sie nicht kostbar, aber dennoch gut und brauchbar sind, und nicht wie die von Horn gedreheten Mundstücke einen dumpfigten Klang bewirken helfen. Auf die Beschaffenheit und gute Einrichtung des Mundstücks kommt sehr viel an, sowol in Absicht auf den guten Ansatz, als in Ansehung des Klanges überhaupt. Und obgleich sich schwerlich etwas gewisses hiervon bestimmen läßt, so will ich doch meine, aus eigner Erfahrung hierüber gemachte, Bemerkungen mittheilen.

Man hat hierbey vorzüglich auf drey Stücke zu sehen, als:

1) auf den obern Rand;
2) den innern Kessel, und
3) die innerste Oefnung oder das Loch.

Das Mundstück.

Der obere Rand ist entweder breit oder schmal. Ein gar zu breiter Rand ist dem Ansatze etwas hinderlich, indem er den Lippen ihre Freyheit benimmt und sie zu sehr bedeckt: ein allzuschmaler Rand hingegen befördert keinen gewissen und dauerhaften Ansatz, und ermüdet die Lippen in kurzer Zeit.

Der sogenannte Kessel trägt vieles zur Stärke und Schwäche des Klanges bey, je nachdem derselbe tief oder flach, weit oder enge ist. Durch einen tiefen und weiten Kessel kann man den Klang verstärken, welches vorzüglich beym Feldstück- und Principalblasen gute Dienste leistet: dahingegen ein allzuflacher und enger Kessel die gehörige Stärke nicht bewirken würde.

Die inwendige Oefnung bringt, nach Verhältniß der Enge und Weite, eine verhältnißmäßige Höhe und Tiefe des Klanges hervor. Denn da die hineingetriebene Luft in einer kleinen Oefnung dicht beysammen bleibt, so ist sie wegen ihrer Elasticität stark genug, den klingenden Körper sogleich zu erschüttern, und tönend zu machen: hingegen breitet sie sich in einer weitern Oefnung gedehnter und mit weniger Stärke und Druck aus, daher sie auch nur die tiefen Töne hervorbringt.

Bischof, ein ehemaliger Stadttrompeter zu Nürnberg, erfand eine besondere Art Mundstücke, welche sich von den gewöhnlichen darinn unterschied, daß auf dem äußern Rande an der innern Seite noch ein kleiner erhöheter Nebenrand, und in dem Kessel noch ein kleines Löchelchen befindlich war. Ich bediente mich selbst eines von der Art, und gestehe, daß es sehr viel zur Verbesserung meines Ansatzes beitrug.

Viele bedienen sich der Mundstücke mit engen Kesseln und kleinen Löchern in der Absicht, um recht hoch hinauf steigen zu können. Hierbei aber ist ein reiner und heller Klang, in der Höhe sowol als in der Tiefe, zum heroischen Feldstück- und Principalblasen nicht wohl möglich, daher sind dergleichen Mundstücke weder einem Clarinisten noch Principalisten anzurathen.

Ueberhaupt ist es auch eine Hauptregel, sich nur an ein bestimmtes Mundstück zu gewöhnen, weil man durch öfteres Abwechseln sich den Ansatz verdirbt. Jeder muß, nach Beschaffenheit seiner Lippen und der Stimme, welche er bläst, ein passendes Mundstück wählen. Es würde daher ungereimt seyn, wenn einer, der starke Lippen hat, oder die Principalstimme bläst, ein Mundstück mit engem Kessel und kleiner Oefnung wählen wolte, u. d. m. Ich will Anfängern die äußere Form und Gestalt von dem Mundstücke meines s. Vaters mittheilen, worauf er ganz ungezwungen das hohe c, d, e, erreichen konnte. Hier ist es.

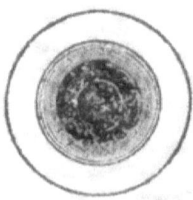

Diese Art von Mundstück halte ich mit für die beste, ob ich sie gleich nicht als ein allgemeines Muster, sondern vorzüglich deswegen empfehle, weil viele, die sich dergleichen bedienten, eine ziemliche Höhe darauf erreichten.

Auch

Auch ist zu beobachten, daß man bey dessen Verfertigung den äussern Rand gut abdrehen lasse, damit er nicht zu scharf sey, weil er sonst den Mund vielleicht ermüden und wol gar verwunden würde.

Setzstücken und Krummbogen.

Die sogenannten Aufsätze sind gerade, meßingene Röhrchen, welche den Klang der Trompete erniedrigen. Setzt man deren etliche auf einander, so wird der Klang noch tiefer. Weil aber durch ein zu langes Setzstück die Trompete unbequem zu halten seyn würde, so hat man daher die längsten davon zirkelförmig gewunden oder krumm gebogen, weshalb man sie auch Krummbogen nennt. Jedoch weiß man aus Erfahrung, daß durch den Gebrauch der letztern die Trompete etwas schwerer anzublasen ist, welches ohnfehlbar die öftere Windung, durch welche die Luft getrieben wird, verursacht.

So nöthig und nützlich aber die Setzstücke und Krummbogen sind, so sehr verschieden sind sie, theils der Größe und Länge, theils auch dem Nutzen und der Wirkung nach. Denn es giebt von jenen einige, die um einen ganzen halben = oder Viertelton, auch wol um noch weniger, von letztern aber etliche, die das Instrument um zwey = anderthalb = oder einen ganzen Ton erniedrigen.

Da ich nun bereits erwähnt habe, daß die Trompete, ihrer Natur nach, nur diatonisch modulirt, und höchstens in G dur, wegen des hohen fis cadenziren kann, so muß daher der Blasende, wenn er mit andern Instrumenten zugleich einstimmen will, seine Trompete darnach einrichten, daß sie zu der Tonart, woraus das Stück geht, genau harmonire.

Derjenige Trompeter, der keine Concerte und Sonaten bläst, kann die Krummbogen allenfalls entbehren, und sich mit etlichen kurzen Setzstücken, zur Einstimmung bey andern Trompeten behelfen: dahingegen ein Kammer = oder Concerttrompeter allerdings die erwähnten Gattungen haben.

Unsere musikalischen Instrumente haben bekanntermaaßen, in Ansehung der Höhe oder Tiefe, nicht alle einerley Stimmung und zwar deswegen, weil man noch kein bestimmtes Fußmaaß [1]) eingeführt hat. Ich will daher einen kurzen Unterricht hiervon zu geben suchen.

Chor- und Kammerton.

Der Unterschied zwischen Chor- und Kammerton ist wegen der Einstimmung einem jeden zu wissen nöthig. Er besteht eigentlich darin: daß der Chorton dem Klange nach um einen ganzen Ton höher als der Kammerton ist. Daher klingt jener frischer und durchdringender; nur daß er den Sängern etwas beschwerlich fällt. Uebrigens stehen, ausser den Posaunen ꝛc. die Orgelwerke größtentheils im Chortone. Jedoch weiß man, daß die alten Orgeln gewöhnlich höher stehen, als die neuen. Der Kammerton hingegen klingt angenehmer und ernsthafter, ist auch den Singestimmen und Blasinstrumenten zuträglicher; daher fast alle musikalische Instrumente darnach eingerichtet sind. Man stelle sich die Sache etwa so vor:

Was im Kammertone C, cis, D, Es, E, F, fis, G, aes, A, B, h, ꝛc. ist, **das ist im Chortone** B, h, C, des, D, Es, E, F, ges, G, aes, A.

Hieraus wird nun ein jeder sehen, daß in Absicht auf die Höhe B im Chortone **wie C im** Kammertone, C im Chortone wie D im Kammertone; des im Chortone wie Es im Kammertone klingt, u. s. w. wobey noch zu bemerken ist, daß die gebräuchlichen Tonarten groß, die ungewöhnlichern aber klein gedruckt sind.

Einstimmung.

Weil heutiges Tages der Kammerton fast durchgängig, sowol in der Kirche als ausser derselben, (oder in der Kammer) eingeführt ist, so betrachtet man daher auch die ganze Stimmung nach Kammertone; ausgenommen wenn mit Trompeten und Pauken allein ohne andere musikalische Instrumente, gewisse Choräle, und Lobgesänge, z. B. Herr Gott, dich loben wir ꝛc. abgesungen werden. Nur in diesem Falle werden die Trompeten und Pauken nach der Orgel, welche gewöhnlich noch im Chortone steht, eingestimmt. An einigen Orten hat
man

---

[1]) Die Königl. Franz. Academie zu Paris hat ein solches Fußmaaß erfunden und bestimmt.

man jedoch angefangen, die kammertönigen Orgelwerke einzuführen. Wo aber ein Flügel ist, da stimmt man nach dem Tone desselben die Trompete ein, und zwar so, daß man sich z. B. bey einer D Trompete den Ton d angeben läßt, welcher auf der Trompete wie C klingen muß. Man siehet also deutlich, daß etwa acht gebräuchliche Tonarten sind, ob man gleich deren mehrere haben könnte.

Wolte man nun in denselben mitblasen und einstimmen, so müste man auch acht Trompeten von verschiedener Größe haben. Weil man sie aber, vermittelst der Setzstücke und Krummbogen, nicht nöthig hat, so braucht ein musikalischer Concerttrompeter nur drey, höchstens vier Trompeten, wovon ich im ersten Capitel unter der neuen Art, ersten Classe, geredet habe, nemlich die kammertönigen D, F, und G Trompeten.

Ich will mit den hohen Tonarten den Anfang machen. Diesem zu Folge wäre

1) B dur. Weil man aber dergleichen kurze Trompeten nicht hat, und da es überdies dem Blasenden darauf sauer und schwer werden würde: so sucht man diese Tonart lieber in der tiefern Oktave mit einer langen Trompete vorzutragen.

2) A dur. Hier nehme man die kurze oder G - Trompete, und stosse den Sordun hinein, so wird man einstimmen.

3) G dur. Die vorige Trompete, sonst auch die englische genannt.

4) F dur. Die Feldtrompete, sonst die Französische genannt.

5) E dur. Hier setze man auf die vorige ein Setzstück, das um einen halben Ton erniedriget.

6) Es dur. Einen ganztönigen Krummbogen auf die F - Trompete gesetzt.

7) D dur. Die deutsche kammertönige D - Trompete; wiewol auch manche in Es dur stehen.

8) C dur. Einen ganztönigen Krummbogen auf die D - Trompete gesetzt.

Zu B dur nehme man eine besonders hierzu verfertigte Trompete, wenn man nicht einen Krummbogen und Setzstücke, die zusammen um zwey Töne erniedrigen, aufsetzen will.

Ich habe oben gesagt, daß die Krummbogen und Setzstücke aufs genauste abgemessen seyn müssen.

Sollte aber ja die Einstimmung g) nicht völlig treffen, so wird man sich leicht mit ganz kurzen Setzstücken oder ein wenig Papier um das Mundstück gewickelt, damit letzteres nicht zu tief hinein falle, zu helfen wissen. Auch ist es ein **nicht** geringer Vortheil, wenn das Mundstück ringsum gut abgedrehet ist, **damit es** gehörig tief in die Trompete gehe, weil man diese allemal eher tie**fer als** höher machen kann. Sonst ist noch übrig zu erinnern, daß es auch verschiedene andere Töne giebt, nach welchen an einigen, wiewol fremden, Orten die Instrumente eingerichtet sind, als: **der Römische**, Venetianische, und Französische Ton, welche aber hier **nicht in Betracht** kommen.

Surdun. (Sordin.)

Das Surdun oder der Sordin, hat seinen Namen von Surdus, das ist: schwach oder gedämpft. Eigentlich ist es ein von hartem und festem Holze rund ausgedrehetes Instrument, das zwar an sich selbst keinen Klang von sich giebt; wenn es aber unten in die Trompete gesteckt wird, so giebt es ihr nicht nur einen ganz andern, fast einer Oboe ähnlichen Klang, sondern erhöhet ihn, wenn er gut gedrechselt ist, auch um einen ganzen Ton.

Das Surdun muß indessen ein uraltes Werkzeug seyn, weil man schon **beym** Iuv. Satyr. **7 von der** gedämpften Trompete (buccina surda) liest.

Man hat **derselben** verschiedene Gattungen; die erste ist an beyden Enden gleich enge, die zwette an dem **einen** Ende fast einer Stürze oder Schalmeye ähnlich, und die dritte Gattung hat gegen das Ende zu die Gestalt einer Oboe
oder

---

g) Viele Trompeter geben, bey Einstimmung der Trompeten, die Terzie vom Grundtone, als das hohe e an, und stimmen ihre Trompete darnach. Allein die Terzie ist hierzu nicht anzurathen. Viel gewisser wird man daher gehen mit der Quinte, Octave und dem Einklange, weil diese der Einheit am nächsten sind.

oder Clarinette, wo am Ausgange, vermittelst etlicher kleiner hölzernen Ringe, die man nach Belieben hinein stecken und wieder heraus nehmen kann, der Klang stärker und schwächer **gemacht wird**, welches **mit andern Instrumenten** zugleich eine besondere Wirkung **thut**.

Der eigentliche Nutzen und Gebrauch des Surduns besteht darinn:

1) Wenn eine Armee in der Stille aufbrechen soll, so daß es der Feind nicht gewahr wird.
2) Bey Leichen und Begräbnissen.
3) Sollen sie bey täglicher Uebung einen **guten und dauerhaften Ansatz** machen; und
4) Hat mancher den Vortheil, daß man dessen kreischenden Klang nicht **so vernehmen kann**; wie man denn auch
5) In viele Tonarten **zur Musik** damit einstimmen kann.

Mattheson handelt in der ersten Edition der Organisten-Probe p. 63 von dem Surdun, und erörtert daselbst **die** Frage: „warum dasselbe auf der Trompete, alle Intervalle in dem kammertönigen E dur, nicht aber im chortönigen D dur, rein angebe? — Weil nemlich diese Erhöhung nicht in der eigentlichen Tonart geschieht, **wie man** meynen möchte; denn da muß es dissoniren und beweisen, daß c und d nicht einerley Tonart sey: sondern weil **die** Trompete, als ein unveränderliches Instrument, die wahren Verhältnisse des C dur, welche der Tonart D dur nicht ähnlich sind, auch bey der Erhöhung fest beybehält, und dann das kammertönige E, nicht aber das chortönige D, eben dieselben diatonischen Verhältnisse hat; daher es vollkommen einstimmt.

Kapitel

Kapitel X.

Von den heroischen, Feldstücken, dem Principal- und Tafelblasen, nebst der so genannten Zunge und Haue.

Was bey den Israeliten das **Trommeten** und Schlechtblasen war, das sind heutiges Tages unsere Feldstücke, welche ebenfalls bei kriegerischen Vorfällen im Felde gebraucht werden. Denn nachdem das Trompetenblasen bey andern Völkern eingeführt wurde, suchte man es auch nach und nach zu verbessern und in eine künstliche Form zu bringen.

Unsere heutigen Feldstücke sind nichts anders, als eine künstliche Abwechselung des harten Dreyklanges, wie ihn die Natur in die Tiefe der Trompete gelegt hat. Und da derselbe seiner Natur nach erhaben, und freudig klingt; so können auch die Feldstücke einen ähnlichen Affect hervorbringen.

Will man nun jenes Trommeten und Schlechtblasen mit unsern Feldstücken vergleichen, so ist zu vermuthen, daß ersteres, indem es ein gebrochener Schall war, mit den 5 Feldstücken, das Schlechtblasen aber mit den tiefen Posten derselben eine Aehnlichkeit gehabt habe.

Ob man nun gleich nicht mit Gewißheit den Erfinder davon angeben kann, so ersieht man doch, daß er ein kluger und fähiger Kopf gewesen seyn müsse, um mit den sechs tiefen Tönen c g $\bar{c}$ $\bar{e}$ $\bar{g}$ $\bar{c}$, eine so schöne Veränderung und Abwechselung hervor zu bringen.

Es ist zu bedauern, daß die alten Modulationen derselben nach und nach durch Verstümmelung ihre Aehnlichkeit verloren haben, und überdem so willkühr-
lich

lich geblasen werden, wodurch der rechte Endzweck und Wohlklang gehindert wird, besonders bey solchen Feldstücken, die von vielen zusammen geblasen werden.

Unter allen aber wird kein Feldstück mehr, als der heroische Trompetermarsch, bey allen Armeen unrichtig geblasen. Bey der schweren Reuterey sollte er, da er das Heroische und Ernsthafte ausdrückt, langsamer, und bey den Husaren, als einer flüchtigen Reuterey, hurtiger geblasen werden.

Eben dieses bewog 1753 den damaligen Oberhof- und Feldtrompeter Johann Christian Hasen zu Dresden, auf Veranlassung und Beschwerde des Herrn Muster Inspectors und Generals von Rechenberg, daß er den Marsch auf Noten setzte und nebst einer schriftlichen Anmerkung an alle Cavallerieregimenter der Chursächßl. Armee überschickte, mit dem Befehl, daß man ihn eben so wie bey der Garde du Corps blasen möchte, damit beym bevorstehenden Lustlager bey Ibigau eine Egalité im Marschblasen beobachtet würde. Diese Ordnung hat man auch bis jetzt beybehalten.

Der Zahl nach haben wir Deutschen fünf Feldstücke.

Unter diesen sind zwar drey im Blasen einerley, aber in den sogenannten tiefen Posten k) von dem ersten, vierten und fünften merklich unterschieden. Und da ein jedes seine besondere Absicht, Character und Bedeutung hat: so komme ich hier zunächst auf

Den ersten Schall.

I. Boute – selle oder Portés selles, d. i. bringet den Sattel herbey, und kommt her, von Stiefeln und Satteln. Es enthält drey sogenannte Rufe, und eben so viel hohe und tiefe Posten, und geschicht gewöhnlich zwey oder drey Stunden vorher, ehe man zu Pferde ausrückt. Die bestimmte Zeit dieses Blasens hängt von dem commandirenden Chef ab. Seine eigentliche Bedeutung ist Ermunterung.

II. à Cheval, zu Pferde steigen oder zum Aufsitzen. Hierauf muß sich die Reuterey im Feldlager gewöhnlich vor die Fronte und in Garnison vor des Chefs

---

k) Sie heissen darum so, weil sie auf den tiefsten Tönen c, g, geblasen werden.

Quartier versammeln und in Ordnung stellen. Dieses Feldstück bestehet aus fünf Posten.

III. Le Marche, der Marsch, welchen die Franzosen auch Cavalquet von Caballus, nennen. Sobald dieser geblasen wird, ist es ein Zeichen, das Seitengewehr zu ziehen und abzumarschiren; wiewol ersteres gewöhnlich besonders commandirt wird.

Dieser Schall bestehet aus vier sogenannten Posten und dem Abbruch, welcher das gewöhnliche Zeichen ist, das Seitengewehr einzustecken, und kann sowol einfach als doppelt geblasen werden. Z. B. der Marsch ꝛc. Der Abbruch des Marsches folgt S. 93.

IV. La Retraite, die Rückkehr oder der Abzug. Dessen eigentlicher Character ist die Ruhe, und wird gewöhnlich des Abends und im Feldlager, nach Sonnenuntergang, nachdem allemal durch einen Kanonen Schuß das Signal gegeben worden ist, geblasen, als ein Zeichen, daß alles ruhig, stille und zu Hause seyn soll. In Garnison aber geschieht es ordinair, entweder vor der Hauptwacht oder auch vor des commandirenden Chefs Quartier. Es hält gleich dem ersten drey Rufe, drey hohe und tiefe Posten in sich.

V. à l'Etendart, zur Reuter Fahne oder Standarte. Bedeutet die Versammlung und Ordnung. Wenn das Regiment durch den Feind gesprengt ist, muß es sich auf diesen Schall wieder zur Standarte versammeln und in Ordnung stellen. Es bestehet indessen aus eben so viel Rufen und Posten als das vierte und erste.

Die Franzosen haben noch eins, welches sie l'Assemblée nennen, d. i. die Zusammenkunft. Es wird gewöhnlich etliche Stunden nach dem Boute_selle geblasen, da sofort ein jeder, sein Pferd an der Hand führend, sich zu Fuße versammelt und nicht eher aufsitzen darf, bis à Cheval geblasen wird. Vermuthlich ist dies zur Schonung der Pferde eingeführt worden.

Auch hat man schon längst bey einer gewissen Armee den so genannten Abtrupp eingeführt, welcher beym Rück- oder Abmarsch geblasen wird. Ich übergehe ihn aber, da er uns weiter nicht interessirt.

Es

Es folgen nun noch einige Feld- und Freudenstücke, als:

1) **Alarme**, das Lärmblasen, eine Erinnerung, daß man bey entstehender Gefahr zu den Waffen greifen und ausrücken soll. Es geschieht gewöhnlich mit schmetternder Zunge.

2) **Apell** blasen, ist das Signal, welches die Reuterey zum Rückzuge auffordert. Hiervon giebt Fasch im Ingen. Lexicon andere Bedeutungen an, wie es bey Aufforderungen, Accorden, Cartellen und dergl. gebräuchlich sey.

3) **Ban**, d. i. Ausrufung, Bekanntmachung und Einladung.

4) **Charge**, der Angriff oder Anruck; ist das Zeichen, den Feind beherzt anzugreifen. Hier blasen manche Marsch, andere Lärm.

5) **Fanfare**, ist bey allerley Freuden- und Gallatagen gebräuchlich, und geschieht gewöhnlich mit Trompeten und Pauken zugleich. Es hält in sich: a) die Intrade, (Intraitte) d. i. den Eingang in ein musikalisches Stück oder ein kurzes Vorspiel, das die Trompeter blos aus dem Stegreif so zu blasen pflegen, ehe sie sich mit ihren Instrumenten hören lassen. b) Tusch (Touche), das Wort oder Zeichen, welches den Trompetern gegeben wird, daß sie blasen sollen, wenn große Herren bey der Tafel Gesundheiten trinken. Dieses ist mit dem vorigen einerley. Eigentlich ist es eine kurze und freye Fantasie, die aus lauter untermengten Accorden und Läufern bestehet. Es macht zwar Lärm genug, ist aber darinn weder Kunst noch Ordnung. 1)

6) **Guet**, die Wacht, wenn sie aufziehet oder abgelöset wird. Hier wird bey der Chursächsis. Armee ein Marsch, und bey der Preußl. fast wie ein Bicinium im Clarin geblasen.

7) Das **Tafelblasen**, geschieht von einem Hoftrompeter allein, und wird wie ein Feldstück mit schmetternder Zunge geblasen. Eigentlich aber ist es der erwähnte Bekanntmachungsschall Ban, welcher ankündigt, daß die Herrschaft sich zur Tafel erheben will.

8)

---

1) Daß die Clarinisten in den hohen Tönen $\bar{c}$ $\bar{d}$ $\bar{e}$ auszuhalten pflegen, ist allerdings ein guter Gebrauch.

92

3) Der Principal oder das Principalblasen, wird nie allein geblasen; sondern ist eigentlich die tiefste Stimme bey vierstimmigen Stücken, die man gewöhnlich Aufzüge nennt, (wovon weiter unten etwas vorkommen wird;) daher muß der Principal bald den Baß, bald auch eine Mittelstimme vorstellen. Principal heißt er wol deswegen, weil er mit den Principal, oder Haupttönen das ganze Trompeter Chor führt.

Die Zunge.

Die Deutschen und gelernten Trompeter haben besonders in diesem Feldstückblasen vor andern einen großen Vorzug, denn sie bedienen sich hierzu gewisser Manieren und Vortheile, wodurch das Feldstück- und Principalblasen sehr ausgeschmückt und verbessert wird. Sie heissen: die Zunge oder der Zungenschlag und Haue.

Die erste benennt man darum so: weil man sie nicht anders als durch einen gewissen Schlag und Stoß mit der Zunge, vermittelst Aussprechung etlicher kurzen Sylben in das Mundstück hervorbringen kann. Dieser Zungenschlag ist von verschiedener Art; denn man braucht hierzu sowol bei der einfachen als doppelten Zunge nicht einerley Aussprache der Sylben.

Ich trage kein Bedenken, das Geheimniß zu entdecken, da ich weiß, daß es Niemanden zum Nachtheil gereichen wird.

Es besteht nemlich darinn, daß sie zur einfachen Zunge nur die vier Sylben rititiriton oder auch kikikiton, gebrauchen, und bey der Doppelzunge noch die Sylbe ti vorsetzen, als tirititiriton oder tikitikiton. Die Anwendung und der Gebrauch dieser Sylben oder Zunge geschieht bloß in der Tiefe, und wird auf Noten folgendergestalt aussehen:

*) Da der Principal meistentheils tief geht, so bedient man sich dabey gewöhnlich des Discantzeichens.

Man

Man siehet hieraus, daß zwar beym Ausdrucke dieser beyden Zungen eben so viele Sylben als Noten sind, welches aber der Kürze wegen bey der Bezeichnung nicht nöthig ist. Jedoch werden auch diese Sylben zuweilen nach Beschaffenheit der Umstände und Noten verwechselt, und zwar so, daß die letzte Sylbe ton zuerst und die andern Sylben hernach ausgedrückt werden. Ein Beyspiel wird die Sache deutlicher machen:

Bezeichnung.

Ausdruck: ton chi ri, ton ti ti ti; ton titi ti ri; ton ti ti ti ti.

Es kommt also vorzüglich auf die Achtelnote an, ob sie voran oder hinten an stehet.

Abbruch des Marsches.
Einfacher.   Doppelter.

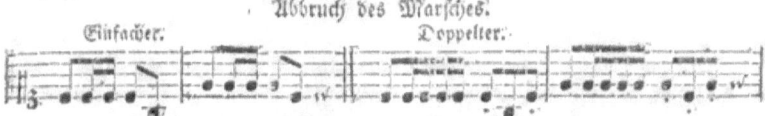

Einige haben es zwar versucht, diesen Zungenschlag auf der hohen oder Clarinoktave anzuwenden; wie mir denn selbst solche vermeynte Virtuosen damit zu Ohren gekommen sind, allein ich kann versichern, daß dergleichen übertriebene Künsteley mehr fantastisch als kunstmäßig ist.

Uebrigens gehört zum Ausdrucke folgender Passagen allerdings eine geübte und fertige Zunge. Z. E.

Die Haltung ist zwar auch von verschiedener, eigentlich aber nur von zweyerley Art. Die erste kann man die überschlagende heissen, weil sich bey ihrem Ausdrucke allemal zwey gewisse Töne gleichsam überschlagen. Z. B.

to ho to ho to,   to ho to to

Die

Die zweyte nennt man deswegen die schwebende, weil der Ton, auf welchem man sie bläst, mit einer Schwebung oder Bebung bald stark, bald schwach, angegeben wird. Z. E.

Die untergesetzten Pünktchen bezeichnen die Schwebung, und die f und p die verschiedene Stärke und Schwäche des Klanges. Man kann sie, laut der Bezeichnung, ab = und zunehmend ausdrücken.

Ausserdem ist noch zu erinnern, daß die Haue nur am Ende beym Feldstück und Tafelblasen, keinesweges aber, oder doch nur selten, in der Mitte oder beym Principal stattfindet.

Der Nutzen und Gebrauch dieser sogenannten Zunge und Haue ist indessen sehr groß und fast unentbehrlich. Hiervon wird man sehr lebhaft überzeugt, wenn man solche Trompeter hört, denen diese Geheimnisse der Kunst nicht unbekannt sind. Da die Kunstverwandten diese Feldstücke blos nach dem Gehöre von einander zu erlernen pflegen, so hat mich dieses sowol, als der zu befürchtende Vorwurf einer Entdeckung ihrer Geheimnisse billig davon abgehalten, dieselben durch Noten bekannt zu machen.

Kapitel XI.

Vom Clarinblasen und von dem dazu erforderlichen Vortrage.

In den ältern Zeiten wurde die Trompete, von welcher hier die Rede ist, des hohen und hellen Klanges wegen, auf lateinisch Clario, Claro oder Clarasius genannt, welches die Franzosen durch Clairon, und die Italiäner durch Clarino übersetzen. Eigentlich ist es eine kürzere und enger gewundene Trompete, als die gewöhnliche, und heißt bey den Engländern Clarion. m) Mattheson sagt, die

m) de Cange aus Wilh. Malm. l. IV. histor. Angli de an. 1101.

die Benennung Clarin komme der Trompete vorzüglich alsdann zu, wenn sie vermittelst des Sordüns gedämpft werde. Wir verstehn unter Clarin oder unter einer Clarinstimme ungefähr das, **was unter den Singstimmen der Discant ist**, nemlich eine gewisse Melodie, welche größtentheils in der zweygestrichenen Oktave, mithin hoch und hell geblasen wird. Der rechte Ansatz zur Formation dieses Klanges ist ungemein schwer zu erlangen, und läßt sich nicht wohl durch gewisse Regeln bestimmen. Die Uebung muß hierbey das beste **thun**; obgleich auch viel auf die Beschaffenheit der Lippen ꝛc. ankömmt. Ein stärkerer Luftstoß und engers Zusammenziehen der Zähne und Lippen sind wol hierbey die wichtigsten Vortheile. Man sehe hierüber das achte Kapitel, vom Klange insbesondere.

Derjenige, welcher in der erwähnten Höhe geschmackvoll zu blasen eine besondere Fertigkeit erlangt hat, wird gewöhnlich ein Clarinist genannt. Daß aber zum guten Clarinblasen viel gehört, und daß die Wirkung sehr verschieden ist, je nachdem ein Tonstück besser oder schlechter vorgetragen wird, braucht kaum er**innert** zu werden.

Theoretische und praktische Kenntniß, besonders aber ein feines, gleichsam angebornes Gefühl für Musik, sind auch dem Clarinisten unumgänglich noth**wendig**.

Zur Theorie rechne ich die Kenntniß der Noten, der Pausen, Schlüssel, Zeichen und Kunstwörter, vorzüglich der Intervalle, Tonarten und deren verschiedene Stufenleitern, der Bewegung, des Taktes u. s. w. Diese Kenntnisse, zu deren Erlernung man bey einem andern Instrumente gewöhnlich noch mehr Gelegenheit hat, als bey der etwas eingeschränkten Trompete, sollte billig ein angehender Clarinist bereits besitzen. Besonders würde es ihm in Rücksicht des Treffens der Töne sehr nützlich seyn, **wenn er vorher einigen Unterricht im** Singen haben könnte.

Zur praktischen Kenntniß eines Clarinisten rechne ich die Fertigkeit, vermittelst welcher er ein jedes, für sein Instrument zweckmäßig gesetztes, Tonstück nach dem Sinne des Componisten rein und deutlich vortragen kann.

Wesentliche Erfordernisse eines Clarinisten sind, daß er

1) einen reinen, hellen **und angenehmen** Ton hervor zu bringen **wisse.**

Zu

Zu einem guten oder schlechten Tone sollen, nebst dem Ansatze und Mundstücke, auch die Stimme und Sprache des Blasenden das ihrige beytragen. Man hält nemlich dafür, daß nach Beschaffenheit einer stärkern oder schwächern, hellern oder heisereren, höhern oder tiefern Stimme, auch der Klang des Instruments stärker oder schwächer, heller oder heiserer, höher oder tiefer gebildet werde. Ob diese Meinung hinlänglich auf Erfahrung gegründet sey, wollen wir unentschieden lassen.

2) **Muß** ein Clarinist **die** erforderliche Dauer **haben.**

Hierzu **gehören** vorzüglich abgehärtete Lippen, die man zwar durch öftere Uebung, **wenigstens** in einem gewissen **Grade**, bekömmt; indeß hängt allerdings viel von der Beschaffenheit des Mundes ab. Damit aber die Lippen nicht so bald ermüden, bestreicht man sie mit Salpeterkügelchen oder mit einer besonders dazu verfertigten Mundsalbe.

Einige Regeln.

Jeder, **der zu** andern Instrumenten mitspielen oder blasen will, muß:

1) Sein Instrument nach den **andern** richtig einstimmen. Der Trompeter muß daher verschiedene Setzstücken **und** Krummbogen bey sich führen, um damit in den Ton des Stücks, nach dem vorher auf dem Flügel angegebenen Akkord, die beyden mittelsten c der Trompete so einzustimmen, daß sie etwas niedriger stehen, weil durch Erwärmung derselben im Blasen **der** Ton bekanntlich höher wird. Auch in der Mitte ꝛc. eines Stückes kann und muß man während der vorkommenden Pausen, im nöthigen Falle noch ein Setzstück aufsetzen. In Ermangelung eines kleinen Setzstückes wickelt man auch wol ein wenig Papier um das Mundstück.

2) Suche man bey langsamen Stücken das Singende gut vorzutragen, und **die** dabey vorkommenden Manieren richtig auszudrücken. Die langen Töne muß man mit Moderation aushalten und sie geschickt an einander hängen. Denn bekanntlich soll die Singestimme allen Instrumenten zum Muster dienen; daher muß ihr auch der Clarinist so viel als möglich nachahmen, und das sogenannte Cantabile auf seinem Instrumente heraus zu bringen suchen.

3)

3) Mache man einen Unterschied zwischen den Haupt- und durchgehenden Noten, so daß man die erstern etwas stärker als die andern angiebt. Die geltenden Hauptnoten sind im geraden Takte ordinair **die erste, dritte, fünfte u. s. w.** die durchgehenden aber gewöhnlich **die zweyte, vierte, sechste** u. s. w. welche man verhältnißmäßig etwas schwächer vortragen kann. Z. E.

4) Manche Passagen müssen gestossen, andere hingegen gezogen oder geschleift werden. Es ist zwar nicht möglich, alle Fälle zu bestimmen, wo das Abstossen, Schleifen oder Ziehen erfordert wird — denn die gehörige Anwendung dieser verschiedenen Arten des Vortrages muß man guten Spielern und Sängern gleichsam abzulernen suchen: — indeß will ich doch einige Winke darüber geben.

a) Steigende und springende Passagen oder auf Arpeggio-Art gesetzte Stellen und springende Triolen, kann man kurz abstossen. Z. B.

b) Geschwinde und stufenweise auf einander folgende Noten werden meistentheils geschleift. Z. B.

c)

98

c) Bey gewissen Figuren werden nur einige Noten, z. B. die erste oder die zwey erstern, auch wol die letztere gestoßen, andere hingegen geschleift, je nachdem sie im Sprunge oder stufenweise vorkommen.

Diese Regeln sind aber nur von solchen Noten zu verstehen, über denen weder Punkte, Striche noch Bogen stehen und daher blos von der Willkühr des Trompeters abhängen. Da die hohen Töne insbesondere einen stärkern Luftstoß als die tiefen erfordern, so ist das Schleifen besser bey fallenden, und das Stoßen bey steigenden, Gängen anzubringen.

5) Bemühe man sich, den Nachdruck (Emphathic), der einen gewissen Affect darstellen, und beym Zuhörer eine Empfindung erregen soll, gut vorzutragen. Dieser Nachdruck liegt gewöhnlich in steigenden oder fallenden halben Tönen, oder wenn die Trompete in G dur cadenziret. Die Engländer pflegen ihn meistentheils mit einem kleinen Querstriche zu bemerken, als:

6) Blase man nicht immer in einerley Stärke und Schwäche, sondern so, wie es dem jedesmaligen Ausdrucke oder Charakter und den beygefügten Worten gemäß ist. Es giebt aber bekanntlich in der Musik mehrere Grade der Stärke und Schwäche, die man durch gewisse Buchstaben und Wörter bezeichnet, als:

Forte mit f. stark, heftig; ff. noch stärker; fff. sehr stark. pf. (poco forte) ein wenig stark. mf. (mezzo forte) halb, mittelmäßig stark. rf.

rf. (rinforzato) verſtärkt.   sf. (sforzando) ſtark vorgetragen.   p.
(piano) ſchwach;   pp. noch ſchwächer;   ppp. ganz ſchwach, daß
es kaum zu hören iſt, als wenn es in der Ferne wäre.

7) Unterſcheide **man, was?** — und **wo?** man bläſt. Denn bey vielen Inſtru‑
menten oder unter freyem Himmel kann man das Inſtrument mehr an‑
greifen, als bey einer ſchwachen Beſetzung oder in einem Zimmer, wo der
Klang mehr moderirt werden muß.

8) **Giebt es gewiſſe Kunſtwörter, durch welche** das Zeitmaaß n) (Tempo)
oder die Bewegung eines Stückes (Mouvement) beſtimmt wird; andre
hingegen bezeichnen den eigentlichen Charakter deſſelben, ob er freudig oder
traurig ꝛc. ſey, und **mithin den** jedesmal erforderlichen Vortrag.

Das Zeitmaaß wird durch folgende Kunſtwörter beſtimmt:

1) Adagio aſſai oder di molto, d. i. ſehr langſam.
2) Largo, Adagio, Lento, langſam.
3) Larghetto, Andante, Poco Andante, Andantino, ein wenig langſam.
4) Moderato, Allegretto, Poco Allegro, Poco Vivace, Allegro ma non troppo, Allegro non molto oder Allegro moderato, mäßig oder nicht zu geſchwind.
5) Allegro, hurtig; Poco Preſto, ein wenig geſchwind; Veloce, ſchnell; Vivace, lebhaft.
6) Preſto, geſchwind; Preſtiſſimo, Preſto aſſai, Allegro aſſai, Allegro di molto, ſehr geſchwind.

Der Charakter und Vortrag aber wird durch folgende Kunſtwörter bezeichnet:

Affettuoſo oder con affetto, rührend, mit Affekt; Amabile, amarevole, ange‑
nehm, lieblich.

Bril‑

n) Ich verſtehe hierunter nicht den Takt im ſtrengen Verſtande, als die richtige Ab‑
meſſung der Zeit, ſondern vielmehr die Eigenſchaft, ob das Stück langſam oder ge‑
ſchwind geblaſen werden müſſe.

Brillante, lebhaft, munter, schimmernd; Brioso, con brio, lebhaft, lermend.
Cantabile, singend.
Dolce, sanft, angenehm.
Espressivo, con espressione, ausdrucksvoll.
Furioso, wüthend; con fuoco, mit Feuer.
Grave, ernsthaft; Grazioso, gefällig, reizend; Gustoso, con gusto, mit Geschmack.
Innocentemente, unschuldig.
Lagrimoso, Lamentoso, klagend; Ligato, gebunden; Lugubre, traurig; Lusingando, schmeichelnd.
Maestoso, erhaben; Mesto, traurig.
Pastorale, hirtenmäßig; Piacévole, gefällig; Pomposo, prächtig.
Risoluto, entschlossen, beherzt.
Scherzando, scherzhaft; **Sostenuto**, zusammenhängend; Spiritoso, con spirito, geistreich, feurig; Staccato, abgestoßen.
Tenero, con tenerezza, zärtlich; Tempo giusto, in der rechten Bewegung; Tranquillamente, zufrieden, ruhig.
Vivo, Vivace, lebhaft, und dergl. m.

Hierzu gehören auch die bey einzelnen Stellen vorkommenden Kunstwörter:
Crescendo, zunehmend, anwachsend. **Diminuendo**, diluendo, smorzando, calando, morendo, perdendo, abnehmend.

> Anmerk. Wer noch nicht taktfest ist, der kann in Gedanken die Takttheile, nemlich im Zweyvierteltakte die Viertel, mithin eins, zwey; im Dreyvierteltakte und in den übrigen dreytheiligen Taktarten aber eins, zwey, drey, und im schlechten Takte eins, zwey, drey, vier ꝛc. in gleichen Zeiträumen zählen oder diese Takttheile mit der Hand ꝛc. abtheilen. In langsamer Bewegung zählt man auch wol zu mehrerer Sicherheit die Achtel. Den ausführlichsten Unterricht hiervon und von allem, was die Erlernung des Taktes, Vortrages u dergl. betrift, findet man in Hrn. Türks Clavierschule. Auch der Auszug daraus ist für den Anfänger hinreichend.

Kapitel

Kapitel XII.
Von der Einrichtung und Beschaffenheit der Trompetenstücke.

Ich verstehe hierunter größtentheils kurze, für zwey, drey und mehrere Trompeten gesetzte Tonstücke mit oder ohne Pauken. Bey dieser Gattung kann und muß man sich einen größern Umfang erlauben, als bey den Feldstücken; mithin liegt gemeiniglich die Melodie — wo nicht auch noch überdies eine oder die andere Mittelstimme — in dem Bezirke der zwengestrichenen Oktave.

Eine eigentliche Anweisung zur Composition wird man zwar hier nicht erwarten; indeß dürfte es doch nicht undienlich seyn, über die erforderliche Einrichtung und Beschaffenheit der erwähnten Tonstücke einige Winke zu geben, die wenigstens dem angehenden Componisten für Trompeten nützlich werden können.

Vor allen Dingen setze ich bey demjenigen, welcher componiren will, Erfindungskraft voraus. Denn wem diese fehlt, für den würden alle nur mögliche Regeln nicht hinreichend seyn.

Nächst der Erfindungskraft ist einige Kenntniß der Harmonie, auch bey der Composition solcher Tonstücke, unumgänglich nothwendig. Wer also diese Kenntniß noch nicht hat, der muß sich dieselbe, in Ermangelung des mündlichen Unterrichtes, aus einer guten Anweisung zum Generalbasse zu erwerben suchen. Herr K. Hiller in Leipzig schreibt im Nachtrage zu seinem Choralbuche S. 24. „Der Musikdirektor Türk hat eine kurze Anweisung zum General„baßspielen in Halle 1791 in 8vo drucken lassen, die ich als ein kurzgefaßtes, „deutliches, gründliches, selbst vollständiges Werk vor allen andern zu empfehlen „kein Bedenken trage. Gewisse litterarische Seitenblicke auf vielerley andere mu„sikalische Werke geben diesem kleinen Buche eine Reichhaltigkeit, die weit über „die Grenzen einer gewöhnlichen Generalbaßschule hinausgeht." Diesem Urtheile stimme ich völlig bey.

Da die Modulation bey Tonstücken für lauter Trompeten sehr eingeschränkt ist, so suche man den Mangel an reichhaltiger Harmonie rc. durch einen guten Gesang, vorzüglich in der Haupt- oder ersten Clarinstimme, zu ersetzen. Denn auch der Componist für Trompeten muß nicht vergessen, daß eine gute, fliessende Melodie in der Musik überhaupt, folglich auch bey Trompetenstücken von der oben beschriebenen Art, das wichtigste Erforderniß ist.

Hiernächst sehe man bey der Verfertigung solcher kurzen Tonstücke sorgfältig darauf, daß sich, von einem größern oder kleinern Ruhepunkte zu dem andern, die Anzahl der Takte immer gleich bleibe. Es würde daher fehlerhaft seyn, auf einen Satz oder Gedanken von vier Takten, einen andern von fünf Takten ꝛc. folgen zu lassen. Eben so dürfen nicht drey und fünf Takte nach einander vorkommen. Ueberhaupt ist es, wenige Fälle ausgenommen, nicht gut, solche Sätze zu wählen, die eine ungerade Anzahl Takte z. B. drey und drey ꝛc. ausmachen. Man suche daher immer zwey und zwey oder vier und vier zusammen gehörige Takte auf einander folgen zu lassen.

Insbesondere hat man darauf zu sehen, ob solche Tonstücke für kurze oder lange Trompeten bestimmt sind, da man auf den letztern länger ausdauern und höher blasen kann, als auf den erstern. Daß aber der Componist die gehörige Kenntniß von dem Instrumente haben muß, und nicht solche Passagen anbringen darf, die entweder gar nicht oder doch nur mit der äussersten Anstrengung und sehr unsicher herauszubringen sind, dies versteht sich von selbst. Auch muß er dafür sorgen, daß der Blasende, bey eingemischten Pausen, sich zuweilen wieder erholen kann. In Tonstücken für mehrere Trompeten kann man daher die Melodie bald in diese, bald in jene, Stimme verlegen; so wie man denn überhaupt auf Mannichfaltigkeit und Abwechselung der Figuren — so viel es die erforderliche Einheit verstattet — bedacht seyn muß.

Nächstdem hat auch der Componist die Seite 71. nahmhaft gemachten unreinen Töne, so viel als möglich, zu vermeiden. Wenigstens sollte er sie nicht auf guten Takttheilen und lange auszuhaltenden Noten anbringen. Daß aber ein sehr geübter Trompeter allenfalls jeden Ton rein hervorbringen kann, dies berechtigt den Componisten noch immer nicht, in Tonstücken, die für mehrere Blasende bestimmt sind, sich die gedachten Töne zu erlauben.

Um sich eine allgemeine Uebersicht über die gewöhnliche Composizionsart, besonders bey solchen kleinen Tonstücken, zu verschaffen, merke man folgendes:

1) Die erste Clarine modulirt und die zweite harmonirt. 2) Die erste Clarine hält mit langen Noten aus, während die zweyte fällt und springt. 3) Sie concertiren abwechselnd, spotten einander gleichsam und antworten.

4)

4) Sie machen Variazionen; zuerst mit simpeln Noten, welche nachher künstlich figurirt werden. 5) Sie wechseln mit Forte und Piano **und zwar** in verschiedenen Taktarten und Bewegungen ab, wie in einem Echo. 6) Ist darinn eine geschickte Vermischung und Verbindung aller vorhergehenden Arten, auf mancherlei Weise; woraus denn vermöge der Versetzungskunst vielerley Veränderungen entstehen. Dergleichen lassen sich besonders bey kurzen zwey-, drey- und vierstimmigen Stückchen **mit Nutzen** anwenden, z. B. bey **der Menuet**, Polonoise, Angloise, Gavotte, Canzonette, Ariette, Bouree, bey dem Rondo, Cotillon, Rigaudon und dergl.

Da es deren so verschiedene Gattungen **giebt**, so will ich eine jede insbesondere nach der Ordnung durchgehen, als:

1) **Solo.** Dieses wird im Clarin niemals allein, **sondern mit** mehrern Instrumenten zugleich geblasen. Es heißt deswegen Solo, weil derjenige, der die Hauptmelodie vorzutragen hat, sich damit allein hören läßt, indem die Uebrigen nur begleiten.

2) **Vicinium.** Hierunter verstehe ich hier ein kleines Duett für zwey Trompeten, welches gewöhnlich aus zwey kurzen Theilen besteht. Da der Bläser manchmal lange anhalten und hoch blasen muß, so sind die Kammertönigen D Trompeten, zumal wenn man sie durch ein Setzstück tiefer macht, hierzu am bequemsten. Weil diese Stücken immer in einerley Tonart moduliren, so befleißige man sich dabey aller nur möglichen Veränderungen, und solcher melodiösen Stellen, die den Mund nicht zu sehr ermüden. Die schwerern Stücke von dieser Art kann man, zur Uebung für sich, auf kürzern Trompeten blasen.

Einige haben sogar verschiedene zweystimmige Canones und Fugen für Trompeten gesetzt, ob sie gleich das Gehör eben nicht sonderlich ergötzen. Z. E.

Nicht nur aus der Tonart C, sondern auch aus G moll können dergleichen Stückchen gesetzt werden, als:

NB. Obgleich Es kein natürlicher Ton der Trompete ist; so kann er doch, in der Tonart G moll, als ein Durchgang (Transitus) hingehen.

106

3) Das **Tricinium**, mit drey Trompeten, ist eben das, was auf andern Instrumenten ein Trio oder Terzett ist. Zu dessen Verfertigung wird mehr Wissenschaft, als zu einem bloßen Bicinio, erfordert. Denn die dritte Stimme hat **nicht nur** die fünf tiefen Töne, **wie ein** schmetternder Principal beym Aufzuge, sondern auch ihre eigene Melodie, welche vorzüglich im Concertiren und Abwechseln besteht.

4) Das Quatricinium, mit vier Trompeten, oder auch nur mit zwoen und zwey Hörnern zugleich, ist eben so beschaffen, als ein kleines Quatuor oder Quartett auf andern Instrumenten; jedoch so, daß immer zwen und zwey Stimmen gewissermaaßen zusammen gehören und regelmäßig concertiren. Z E.

108

Der sogenannte Aufzug besteht gewöhnlich aus vier Stimmen, die zusammen ein Chor ausmachen, als: zwey Clarini, ein Principal, und ein Paar Pauken. In Ermanglung der letztern werden die zwey Töne derselben gewöhnlich auf der Trompete geblasen, welche Stimme Tonget heißt; da sonst die vierte Trompete auch Toccato genannt wird. (S. Albrechtsbergers gründliche Anweisung zur Composition, Seite 428.)

Zum Anfange desselben wird 1) ein lebhaftes Thema erfordert, welches allenfalls auch mit den Pauken oder mit dem Principal anfangen kann. 2) Dürfen keine springende oder schwere Passagen in beyden Clarinen vorkommen. 3) Muß in der Harmonie der harte Dreyklang möglichst beybehalten werden. 4) Pflegen entweder die beyden Clarine, oder der Principal, oder auch die Pauken mit einem kurzen Solo abzuwechseln. 5) Müssen die Pauken und der Principal so eingerichtet seyn, daß sie nicht immer schmettern, und dadurch beyde Clarine übertäuben.

Will man nun, in Ermangelung der Pauken, dreystimmige Aufzüge blasen, so muß der Principal hierzu so gesetzt seyn, daß er nicht blos den Tenor, sondern auch den Baß zugleich, dazu macht.

Es giebt noch eine andere Art von Aufzügen, die sechsstimmig sind, nemlich mit drey Clarinen, zwey Principalen und Pauken. Diese Stücke machen einen schönen Effect, und können, wo die Anzahl der Blasenden zureichend ist, sehr gut gebraucht werden, ob sie gleich selten sind.

Auch pflegen die Trompeter gewöhnlich des Morgens, anstatt eines Bicinii oder Aufzuges, ein Stück zu blasen, welches sie den Morgenseegen nennen. Der Anfang desselben ist folgender:

Ich meines Theils glaube, daß die bekannte Melodie des Morgen-Gesanges: Aus meines Herzensgrunde rc. in der Mittelstimme verborgen liege. Damit diese aber desto mehr durchdringe, müste man die Trompete, welche den Choral führt, offen blasen, die andern aber durch das Sordun dämpfen.

Folgendes wird dies näher auseinander setzen. Wenn der zweyte und dritte Clarin gedämpft und also einen ganzen Ton erhöhet ist, so muß der erste Clarin, ungedämpft, ebenfalls in E dur einstimmen, vorausgesetzt, daß man die Französische oder F = Trompete mit dem Setzstücke um einen halben Ton erniedrigt. Vielleicht hat man diese Art der Einstimmung bisher aus Mangel einer kürzern F = Trompete unterlassen. Uebrigens könnte man auch eine andere Choralmelodie auf ähnliche Art in ein solches, zum Morgensegen bestimmtes, Tonstück einweben.

Die Tafel = Sonate soll eigentlich, ihrer Bestimmung nach, während der Tafel hoher Herrschaften geblasen werden. Sie besteht gemeiniglich aus acht bis neun Stimmen, welche in zwey Chöre abgetheilt sind und wechselsweise mit einander concertiren, wobey ein oder zwey Clarinisten ein Solo blasen, welches die Andern begleiten. Sie zerfällt, wie andere Concerte, gewöhnlich in drey besondere Abtheilungen, deren eine jede ihre eigene Bewegung und ihr verschiedenes Zeitmaaß hat. Leider hört man nur selten eine solche Tafel = Sonate blasen.

Das Trompeten = Concert, womit sich geübte Trompeter hören lassen, hat eben dieselbe Einrichtung, wie andere Concerte z. B. für die Flöte und dergleichen, und bedarf daher keiner näheren Beschreibung. Ist ein solches Concert für zwey concertirende Trompeten gesetzt, so heißt es ein Doppelconcert. Was etwa dabey zu beobachten ist, das findet man in dem Kapitel vom Clarinblasen. Einige Kenner dieses Instrumentes haben zwar Trompeten Concerte aus verschiedenen Tonarten z. B. aus F = und G dur, E = und G moll gesetzt; jedoch konnte dieses natürlicher Weise nicht ohne manche Einschränkungen geschehen.

Die Erfindung, daß man auf dem Waldhorne durch Kunst mehrere Töne hervorbringen kann, die das Instrument nicht von Natur angiebt, hat mich auf den Gedanken gebracht, ob man nicht auch bey der Trompete der Natur durch die Kunst zu Hülfe kommen könne. Ueberzeugt, daß nicht nur dem Trompeter, sondern auch dem Componisten selbst an mehrerer Vervollkommung eines so eingeschränkten Instrumentes gelegen seyn muß, theile ich Kennern folgende Vermuthung mit, die ich ihrer nähern Prüfung empfehle.

Viel=

Vielleicht wären noch mehrere Töne herauszubringen, wenn man, wie bey andern Blasinstrumenten, unten an einer Seite der Trompete eine kleine Oefnung und über derselben eine Klappe anbrächte. Schon Mizler schreibt, daß bey einigen morgenländischen Völkern eine solche Trompete im Gebrauche sey. Ich selbst habe ehedem, bey dem Hoftrompeter Schwanitz in Weimar, eine Trompete gesehen, auf welcher man, vermittelst eines kleinen ledernen Schiebers über der gedachten Oefnung, das eingestrichene a und h vollkommen rein angeben konnte. Nun fehlte nur noch das d und f, so hätte man auch in der eingestrichenen Oktave die ganze diatonische Tonleiter. Und dies wäre doch unstreitig ein sehr beträchtlicher Gewinn für die Musik.

Die Möglichkeit einer solchen Vermehrung wird mir auch noch durch folgenden Umstand wahrscheinlich. Im Jahr 1766 wurde aus Petersburg berichtet, daß es einem gewissen Kölbel, nach oft wiederholten Versuchen, gelungen sey, vermittelst einiger Griff- oder Klanglöcher in dem Umfange etlicher Oktaven auf dem Waldhorne alle halbe Töne heraus zu bringen. Er ließ sich auf seinem Instrumente hören, und erhielt allgemeinen Beyfall. Die Sache ist, dünkt mich, wohl einer sorgfältigern Untersuchung werth.

Freylich könnte man auch Tonstücke für Trompeten von verschiedener Größe z. B für C, D, Es und F-Trompeten componiren, und auf diese Art leicht in verschiedene Töne ausweichen, wie dies auch zuweilen geschieht —: allein besser wäre es doch immer, wenn man auf einer und ebenderselben Trompete mehrere Töne hervorbringen könnte. Ueberdies kann man gewöhnlich nicht wohl sechs bis acht Musiker blos zur Besetzung der Trompeten entbehren. Ganze Chöre von Trompetern hingegen könnten allerdings zu mehrerer Abwechslung mit Trompeten aus verschiedenen Tönen zusammen blasen; allein noch mögen wol nur wenige Componisten gute Tonstücke von dieser Art geschrieben haben.

Kapitel

Kapitel XIII.
Von den Trompeten-Manieren.

In der Musik überhaupt, sowol beym Singen als Spielen der Instrumente, sind die Manieren nichts anders, als gewisse Zusätze zu den vorhandenen Noten, die zur Verschönerung und Ausschmückung des Stücks bald stark bald schwach, bald langsam bald geschwind vorgetragen und nach Umständen entweder von dem Componisten selbst vorgeschrieben, oder von dem Musikus aus eigener Erfindung angebracht werden.

Diejenigen, welche der Componist ausdrücklich vorschreibt und mit in den Takt eintheilt, nennt man Setzmanieren, und die, welche von dem Spieler nach Willkühr angebracht oder nur durch gewisse Zeichen angedeutet werden, heißen Spielmanieren. Bey der Trompete giebt es noch gewisse Feldstück-Manieren, die aber beym Clarinblasen nicht vorkommen.

Noch muß ich vorläufig bemerken, daß die Componisten in Absicht auf den Gebrauch der Manieren von einander abweichen. Um sich davon zu überzeugen, dürfte man nur von verschiedenen Tonsetzern die Manieren zu einem und ebendemselben Stücke bestimmen lassen. Ganz gewiß würden sie hin und wieder verschieden ausfallen. Vorzüglich pflegen die Franzosen sehr viele Manieren vorzuschreiben; da hingegen die Italiener sie nur sparsam beyfügen, und der Willkühr des Spielers vielleicht zu viel überlassen. Es werden daher zur Ausführung italienischer Tonstücke — um weder zu viele noch zu wenige Manieren darinn anzubringen — Musiker von einem gebildeten Geschmacke erfordert. Wer aber nicht hinlängliche Kenntnisse und einen wirklich guten Geschmack hat, dem würde ich rathen, sich der Spielmanieren gänzlich zu enthalten, und blos die vorgeschriebenen Setzmanieren gehörig vorzutragen. Ueberhaupt giebt es nur äußerst wenige Fälle, wo in Trompetenstimmen eine Manier am rechte Orte steht. Blos dem Concert-Trompeter kann es, unter den weiter unten folgenden Einschränkungen, allenfalls erlaubt seyn, die Solostellen eines Adagio ic. durch gut gewählte Manieren zu verschönern. In den Mittelstimmen hingegen hat man sich aller willkührlichen Zusätze, wären sie auch an sich noch so gut, durchaus zu enthalten.

Diejenige Spielmanier, welche eine gute Melodie enthält und der dabey zum Grunde liegenden Harmonie nicht entgegen ist, rechne ich zu den allenfalls erlaubten Auszierungen. Und doch darf man, wie schon gesagt, auch diese nur sparsam und mit vieler Vorsicht anbringen, weil oft ein simpler Gesang weit schöner und ausdrucksvoller ist, als eine durch Manieren verzierte oder vielmehr entstellte Melodie. — Da mehrere Seiten nicht hinreichend seyn würden, auch nur sehr unvollständig von diesen willkührlichen Manieren zu handeln: so rathe ich jedem, dem damit gedient ist, sich von einem erfahrnen Musiker zu einigen Stücken solche Manieren vorspielen oder aufschreiben zu lassen. In Quanzens Versuch einer Anweisung die Flöte traversiere zu spielen, in Mozarts Violinschule, in Hillers Anweisung zum Gesange, und besonders in Türks Clavierschule für Lehrer und Lernende 2c. findet man auch über diesen Gegenstand vortrefflichen Unterricht.

Alle Manieren überhaupt erhalten ihren eigentlichen Werth theils von den Noten, zu welchen sie gehören, theils auch von dem jedesmaligen Zeitmaaße. Denn je nachdem die Bewegung geschwind oder langsam ist, kann auch eine oder die andere Manier verschieden ausgeführt werden.

Bey den Manieren hat man vorzüglich auf zwey Stücke zu sehen: 1) auf die Bezeichnung, und 2) auf die richtige Ausführung.

Weil der Accent oder der Vorschlag eine der gewöhnlichsten Manieren ist, so will ich damit den Anfang machen. Er wird bey steigenden und fallenden, bey stufenweise fortschreitenden und springenden Noten angebracht. Man bezeichnet ihn gewöhnlich durch kleine Noten, die ihren Werth von der darauf folgenden Hauptnote erhalten. Die eigentliche Dauer eines Vorschlages ist, nach Beschaffenheit der erwähnten Hauptnote und gewisser anderer Nebenumstände, sehr verschieden. Vorzüglich hat man die nachstehenden drey Hauptregeln dabey zu befolgen.

1) Wenn die Hauptnote in zwey gleiche Theile getheilt werden kann, so bekömmt der Vorschlag die Hälfte davon. Z. B.

Be=

115

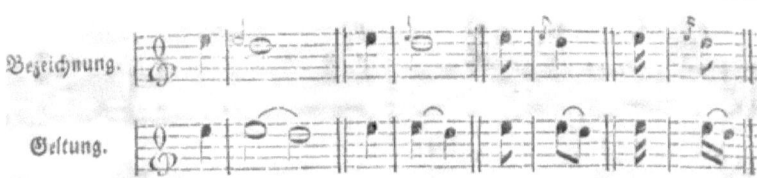

2) Vor' einer punktirten Note bekömmt der Vorschlag zwey Theile der Hauptnote, mithin bleibt für diese **nur der** dritte Theil übrig. Z. B.

3) Wenn an eine Note eine gleich hohe, kürzere gebunden ist, so bekömmt der Vorschlag gewöhnlich den völligen Werth der ersten Hauptnote. Z. B.

Diese drey Regeln leiden aber verschiedene Ausnahmen, die zwar hier, der **Kürze** wegen, **nicht** alle namhaft gemacht **werden können**; indeß will ich doch einige sehr gewöhnliche Fälle auszeichnen, wo die Vorschläge, ohne Rücksicht der folgenden Note, nur sehr kurz angegeben werden. Dies geschieht vorzüglich bey mehrern unmittelbar auf einander folgenden, gleich langen a) und gleich hohen Noten b). Ferner vor Sprüngen c), **vor kurz abzustoßenden Tönen** d), **zu Anfange eines Stücks** e), nach Pausen f) **u.** v. a.

116

In allen diesen Fällen erhalten also die Vorschläge nicht die halbe Dauer der darauf folgenden Hauptnote, sondern nur einen ganz kleinen Theil derselben. Uebrigens wird nicht nur jeder, unter den obigen drey Hauptregeln enthaltene, Vorschlag stärker geblasen, als die Hauptnote selbst, sondern auch an diese geschleift, wie dies letztere in der jedesmaligen zweyten Reihe durch den Bogen bemerkt worden ist.

Die Nachschläge, welche ihren Werth von der vorhergehenden (also nicht von der darauf folgenden) Hauptnote erhalten, werden zuweilen ebenfalls durch kleine Noten bezeichnet und ohne Ausnahme kurz oder geschwind vorgetragen. Z. B.

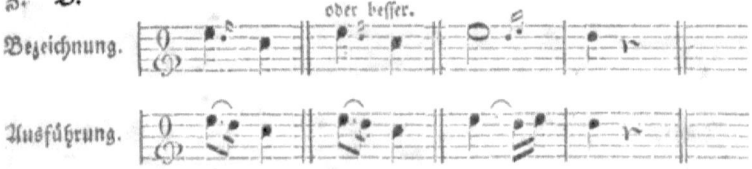

Mehr Unterricht von den Vor- und Nachschlägen, findet man in den S. 114. genannten Lehrbüchern.

Der Triller, als die bekannteste, aber auch schwereste Manier, ist eigentlich eine schnelle Abwechselung zweyer neben einander liegenden Töne. Man hat vorzüglich zween Triller als: 1) den gewöhnlichen oder langen; und 2) den halben oder sogenannten Pralltriller. Jener wird durch tr. oder ⁓ angezeigt, und man hat bey dessen Ausführung vorzüglich auf eine Egalité des Schlages zu sehen. Der Triller hat übrigens jedesmal den zunächst über der

vor-

vorgeschriebenen Note liegenden ganzen oder halben Ton zur sogenannten Hülfsnote. Wenn also der Triller auf d steht, wie in dem folgenden Beyspiele 1), so ist c der Hülfston. Wo es die Zeit verstattet, beschließt man den Triller mit dem bey 2) bemerkten Nachschlage.

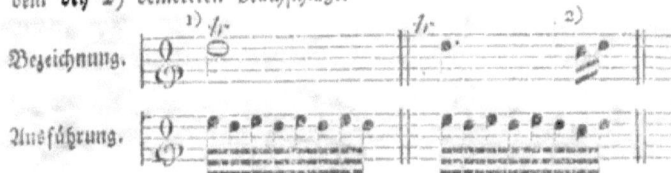

Der Pralltriller wird blos mit einem ⁓ bemerkt, und auf folgende Art ausgeführt:

Der Mordent ist ebenfalls eine Art des Trillers, jedoch so, daß man mit dem Hauptrone und dem nächst darunter befindlichen ganzen oder halben Tone geschwind abwechselt. Man hat derselben zwey: nemlich den langen a) und kurzen Mordenten b). Die Bezeichnung ist der vorigen ähnlich, nur daß man durch das ⁓ oder ⁓ noch einen Strich zieht. Z. B. ⁓, ⁓.

Die dreymal gestrichenen Noten bezeichnen den Werth oder die erforderliche Geschwindigkeit nur so ohngefähr; denn ganz genau lassen sich die Manieren nicht in Noten darstellen.

Der

118

Der Schleifer ist diejenige Manier, wenn drey oder mehr Noten stufenweise auf- oder abwärts geschwind auf einander folgen. Zur Bezeichnung des Schleifers bedient man sich entweder eines Querstriches zwischen den Noten, oder auch kleiner Noten. Z. B.

Daß aber diese Manier jederzeit geschleift werden muß, wird man schon aus der Benennung errathen.

Die Bebung oder Schwebung ist eigentlich eine anhaltende Verstärkung und Verschwächung eines gewissen Tons, welchen man nach seinem Werthe aushält. Sie wird gewöhnlich durch Punkte mit Bogen über der Note bezeichnet. Z. B.

Der Anschlag wird ordinair durch kleine Noten, die vor die Hauptnote gesetzt werden, angezeigt, als:

Be-

119

Es giebt noch **andere** Manieren, **die ich** aber hier übergehe, weil sie auf der Trompete selten oder gar nicht vorkommen, und also kein besonderes Interesse für uns haben.

Kapitel XIV.
Von den Erfordernissen und Pflichten eines Lehrherrn und Scholaren.

Vom Lehrherrn wird erfordert, daß er:

1) Ein guter Trompeter sey, und zugleich die Violine spiele, weil man sie in den mehresten Vorfällen nicht wol entbehren kann. Auch sollte er seinen Scholaren billig auf dem leztern Instrumente unterrichten, **um** ihm dadurch desto mehr Festigkeit **im** Takte beyzubringen.

2) Muß er seinen Scholaren gründlich unterrichten, weil man heutiges Tages mit Erlernung der blosen Feldstücke weder an Höfen noch bey den Armeen zufrieden ist.

3) Muß er Nachsicht und Geduld mit der Schwäche seines Scholaren haben, weil er demselben sonst vielleicht Lust und Muth benimmt.

4) Muß er stufenweise mit ihm vom Leichten zum Schweren fortgehen. Alles, was etwa dem Scholaren unbekannt **oder** dunkel ist, muß demselben vorher erklärt werden, ehe **man ihn das vorgelegte Stück blasen** oder spielen läßt.

5)

5) Muß er den Scholaren auch moralisch gut bilden und ihn lehren, wie er sich gegen Höhere oder Vorgesetzte, und überhaupt gegen jedermann zu betragen habe. Mit einem Worte: Er muß ihn mit Menschen umzugehen und sich anständig zu benehmen lehren.

II. Von den Erfordernissen und Pflichten eines Scholaren.

Ein Scholar muß, ausser der Folgsamkeit gegen seinen Lehrherrn — die ich bei ihm voraussetze: —

1) Einen gesunden Körper, eine gute Brust und Lunge, °) einen zum **Ansatze** geschickten Mund, feste Zähne und eine gelenke Zunge haben.

2) Muß er einige Kenntniß von Vocal- und Instrumentalmusik besitzen. Ich wiederhole es daher hier, daß **einiger** Unterricht im Singen auch **dem** Trompeter sehr zu statten kommen würde.

3) Muß er sich bey seiner eigenen Uebung gewöhnen, den Takt mit dem Fuße oder mit der Hand anzugeben, wie dies S. 100. erinnert worden ist.

4) Der Gesundheit wegen hat man sich auch sorgfältig zu hüten, daß man nicht sogleich nach dem Essen blase oder nach dem Blasen kalt trinke, weil beides eine unheilbare Krankheit nach sich ziehen kann.

Kapitel XV.
Einige Vorschläge, wie ein Lehrherr seinen Scholaren zweckmäßig unterrichten könne.

Ich will mich bemühen, dieses in neun Aufgaben auseinander zu setzen, ohne jedoch meine Methode für die einzig gute, und möglichst beste anzupreisen.

Erste

°) Ich habe zwar einige Trompeter gekannt, **die es** bey einem schwächlichen Körper dennoch in ihrer Kunst weit gebracht hatten, und die **dabey** sogar ein hohes Alter erreichten; indeß kann man solche Fälle nur zu den Ausnahmen **von** der Regel rechnen.

Erste Aufgabe.

Vor allen Dingen muß der Lehrherr dem Scholaren ein nach dessen Munde passendes Mundstück sauber abdrehen lassen; alsdenn zeigt er ihm, wie die Trompete angefaßt werden muß, damit sie, wenn das Mundstück darauf ist, an beyden Enden das Gleichgewicht habe. Ferner erklärt man ihm, daß, der erforderliche Ansatz durch eine gewisse Lage der Zunge und feste Zusammenschließung der Zähne und Lippen bewirkt werde, so, daß man dazwischen nur eine kleine Oefnung übrig läßt, durch welche die Luft mit Hülfe der Zunge in das Mundstück und weiter in die Trompete getrieben wird. Das Mundstück muß an beyden Lippen mehr unter- als oberhalb derselben liegen.

Hierbey darf man aber nicht die Lippen und Backen aufblasen, weil dadurch nur ein hohler und schwacher Luftstoß hervorgebracht werden würde, mit welchem man die verschiedenen Töne nicht zwingen könnte; und überdies würde es auch gegen den guten Anstand seyn. p) Man blase dem Scholaren alsdenn die fünf oder sechs tiefen Töne c g c̄ ē g c̄ vor, blase sie mit ihm zugleich, lasse sie ihn allein blasen, so lange, bis er sie so ziemlich herausbringen kann, und schreibe sie ihm sodann auf Noten, um das Gesicht an sinnliche Zeichen zu gewöhnen. q) Diese Lection würde ich täglich etlichemal, ungefähr eine halbe Stunde lang, wiederholen, übrigens aber den Scholaren dabey gar nicht übereilen.

Zweyte Aufgabe.

Hernach bringe man ihm, nach Anleitung des zehnten Kapitels, einen deutlichen Begrif von der Zunge und Hauc bey. Man blase ihm anfänglich nur die einfache Zunge in einem gewissen tiefen Tone vor, und sehe darauf, daß derselbe die, in das Mundstück auszusprechende, Sylben richtig und gut ausdrucke. Man lasse ihn dies

---

p) Die Alten bedienten sich in dieser Rücksicht einer gewissen ledernen Binde, welche die Lateiner Capistrum und die Griechen Phorbion nannten. Diese Binde pflegten sie gewöhnlich um den Mund zu binden, damit sie die Backen nicht zu sehr aufblasen, oder sich sonst Schaden thun möchten. S. Schöttgens Antiq. Lex.

q) Beym Blasen lasse man ihn jederzeit den Kopf wohl bedecken, und den Leib gürten. Wenn ihm die Lippen dicke werden, so bediene man sich der bekannten Hülfsmittel. (S. 96.)

dies hernach in höhern **Tönen** üben, und mache sodann einen Versuch mit der Haue und den verschiedenen Gattungen derselben.

Dritte Aufgabe.

Nun nehme man die Feldstücke vor, **und zwar** zuerst den Marsch, weil dieser am leichtesten ist. Kann der Scholar diesen ziemlich blasen, so bringe man ihm auch die übrigen Stücke und das Tafelblasen bey. Hierbey vergesse man nicht, ihm zu sagen, wie viel Rüfe und Posten ein jedes Feldstück hat, und wie sie in der Ordnung auf einander folgen.

Vierte Aufgabe.

Da das bisherige Blasen ohne Noten und blos nach dem Gehöre geschehen ist, so wird es nun Zeit, den Scholaren in dem Clarinblasen nach Noten zu unterrichten. Man setze daher das Feldstückblasen in etwas aus, jedoch lasse man es bisweilen wiederholen. Sodann schreibe man ihm den Umfang aller Trompeten-Töne nach Inhalt des achten Kapitels auf, erkläre ihm sowol den Gebrauch der tiefen als der hohen und unreinen Töne, und zeige ihm, wie sie zu verbessern sind. Man mache den Anfang mit etlichen Chorälen, als: Allein Gott in ꝛc. Aus meines Herzens Grunde ꝛc. die ich, folgender Ursachen wegen, für zweckmäßig halte: a) weil sie leicht und bekannt sind, b) weil sie langsam **gehen**, und c) weil viel Schlüsse **oder** Kadenzen darinnen vorkommen. Kann er einige **leichte** Choräle **und andere Stücke** blasen, so übe man ihn auch im Treffen verschiedener größern und kleinern Intervalle. Zu **dieser** Rücksicht lasse man ihn anfangs etwa $\bar{c}$, $\bar{e}$, $\bar{g}$, $\bar{c}$, hernach $\bar{c}$, $\bar{g}$, e, $\bar{c}$, so **dann** $\bar{c}$, $\bar{e}$, $\bar{g}$, $\bar{c}$, ꝛc. und dergleichen nach einander angeben. Kurz, man schreibe ihm allerley Sprünge mit untermischten stufenweise fortschreitenden Intervallen vor, und setze diese Uebung lange fort, damit der Scholar nach und nach Sicherheit im Treffen erlange. Die kurzen Piecen und Stücke lasse man ihn in ein dazu bestimmtes Buch schreiben, und sehe darauf, daß er von solchen Stücken eine starke Sammlung bekomme. Hierbey lernt er zugleich eine saubere und korrekte Note schreiben.

Fünfte

Fünfte Aufgabe.

Man bringe anfänglich nicht sogleich auf eine übertriebene Höhe, denn diese findet sich nach und nach bey längerer Uebung. Genug für jetzt, wenn er nur das $\bar{\bar{f}}$ und $\bar{\bar{g}}$ erreichen kann. Man blase ihm die Töne zuerst vor, und alsdann lasse man ihn mitblasen, bis er endlich allein secundiren kann. Auch mache man eine Auswahl zwischen dem leichten und Schweren, bringe ihm den Unterschied zwischen f und fis bey, und sehe dahin, daß der Scholar alle Töne rein und hell heraus bringen lerne. Stößt er den Ton rauh und kreischend heraus, so lasse man ihn durch Veränderung des Mundstückes und Ansatzes einen bessern Ton suchen. Sobald aber die Lippen dicke werden, so lasse man ihn aufhören zu blasen. Währender Lehrzeit muß er kein ander Blasinstrument betreiben, besonders aber hüte man sich vor der französischen Querflöte. Eben so darf er anfänglich nicht auf der kurzen Trompete blasen, sondern auf einer längern.

Sechste Aufgabe.

Man gebe dem Scholaren anfänglich die zweyte Stimme, bis er mehrere Höhe hat, und etwa das hohe C erreichen kann; alsdann übt er die erste Stimme, wozu man ihn secundirt. Hier hat man die beste Gelegenheit, ihm die nöthigsten Dinge beym Clarinblasen allmählich beyzubringen **und zu erklären.**

Siebente Aufgabe.

Das erste Jahr bestimme man jede Woche, das zweyte Jahr aber etwa alle vierzehn Tage oder drey Wochen, einen Tag zur Wiederholung des Vorhergegangenen, damit der Scholar sein Gedächtniß übe und das bereits Erlernte nicht wieder vergesse.

Zum Clarinblasen wähle man den Vormittag, den Nachmittag aber zum Feldstückblasen. Diese Methode hat, in Hinsicht auf den Ansatz ꝛc. ihren guten Grund.

Achte Aufgabe.

Man halte auch den Scholaren zum Principalblasen an, und vergesse dabey nicht, die Tri- und Quatricinia und andere dergleichen mehrstimmige Trompetenten Stücke vorzunehmen. Kann man zuweilen einen Dritten und Vierten oder noch mehrere zum Mitspielen bekommen, so hat dies für den Scholaren großen Nutzen; denn dadurch bekömmt er mehr Sicherheit im Takte, und lernt mit Andern zusammen blasen.

Neunte Aufgabe.

Die übrige Zeit wende man mit dem Scholaren zu Trompetenconcerten und Sinfonien mit zwey Trompeten an.

Hier kann man zwar, in Ermangelung anderer Instrumente, die erste Violine allein spielen, und den Scholaren dazu blasen lassen, damit man ihm dadurch sowol die genaue Einstimmung und Veränderung der Trompete, als auch die rechte Bewegung, den Takt, Vortrag, die Manieren und dergleichen beybringen kann. Vortheilhafter aber geschieht dies in anderer Rücksicht bey einer vollstimmigen Musik, vorausgesetzt, daß man vorher alles mit ihm durchgenommen und gehörig erklärt habe.

Nach dieser bestimmten Eintheilung kann man auf eine jede Aufgabe einen oder etliche Monate verwenden, binnen welcher Zeit der Lehrherr sowol die Vortheile zu zeigen, als die Mängel und Fehler des Scholaren zu verbessern, sich keine Mühe verdriessen lassen darf.

Hat der Lehrherr auf diese Art seinen Scholaren unterrichtet, so hat er seine Pflicht gethan und kann hoffen, daß er mit ihm Ehre einlegen werde.

Kapitel

Kapitel XV.
Von den Pauken.

Man hält zwar die Pauken gemeiniglich für weit älter als die Trompeten; indeß kann doch dies nicht mit Gewißheit erwiesen werden, eben so wenig, als man die erste Form der Pauken bestimmen kann.

Gestalt und Beschaffenheit.

Die Ebräer hatten eine Pauke mit Namen Toph, welche zu Davids und Salomons Zeiten gebraucht wurde. Sie hatte die Gestalt eines kleinen Kahns, war mit einem Felle überzogen, und wurde mit einem Klöppel oder mit einer eisernen Ruthe geschlagen. r) und s) Von eben diesem Toph, welches eigentlich soviel als Klang oder Ton heisset, sollen sie ihren Pauken den Namen gegeben haben. t)

Sie bekamen späterhin bey den Morgenländern verschiedene Gestalten. So waren unter ihnen kleine Hand=Pauken üblich, die mit einem Griffe, oder mit einer Handhabe versehen waren, um sie mit der linken Hand desto bequemer anfassen, und mit der Rechten schlagen zu können. Francisci schreibt, u) daß bey der Tafel=Musik der Persianischen Könige dergleichen gebräuchlich sind, wozu sie zu singen pflegen. Noch jetzt sollen auch die Türken bey ihren Armeen solche Pauken haben.

Von den sehr großen Heerpauken derselben will ich hier nichts erwähnen, da diese Gattung von Pauken kaum, oder vielleicht gar nicht, den Namen eines musikalischen Instruments verdient.

Einer

r) S. Eduard Leig. p. 176.
s) S. Printz. musik. Historie. K. 3. §. 31. woselbst deren Abbildung zu sehen ist.
t) S. D. Geyer, über Ps. 68. 26.
u) S. in s. Sittenspiegel p. 1319.

Einer kleinen Pauke bedienen sich die Migrenischen Edelleute zur Adler- und Falken-Jagd. Sobald sie in den Wald kommen, pflegen sie stark darauf zu schlagen, um dadurch die Adler fliegen zu machen, damit sie dieselben schießen können. Die Indianischen Pauken sollen eine Elle lang und schmal seyn, übrigens fast wie eine kleine Tonne aussehen, die man an einem Riemen um den Hals hängt, und auf beyden Seiten mit den Händen schlägt. Die Abißinischen Pauken sind von Kupfer, und auf einer Seite mit Leder überzogen. Auch in den Abend-ländern, bey den Virginianern, sind die Pauken nicht ganz unbekannt.

Endlich giebts noch ein Instrument mit Namen Trombe, welches fast einer zugespündeten Lade, (die sieben Viertelellen lang ist, und oben in der Mitte ein rundes Loch hat,) ähnlich siehet. Sie ist mit einer starken contra G-Baß-Saite überzogen, die mit einer Schraube befestigt, und über einen Steg gespannt ist. Diese Saite wird in das C, und G, nach Paukenart eingestimmt, und mit hölzernen Schlägeln geschlagen, welches den verdeckten Heerpauken fast ähnlich klinget.

Vormaliger Gebrauch.

Vom alten Gebrauche dieser Schlaginstrumente finden wir schon mehrere Nachrichten. Sowol Männer als Weiber schlugen sie. Unter den Männern waren besonders die Propheten, v) und die Israeliten, w) auch Simeon; x) unter den Frauenzimmern aber war vorzüglich Mirjam, Aarons Schwester, die sie gleich nach dem Untergange der Aegyptier gebrauchte. y) Der Pauken bediente man sich bereits bey der ersten Musik, die zu Gottes Lob und Ehre bestimmt war.

Vorzüglich gebraucht man die Pauken in folgenden Vorfällen. 1) An Festtagen, z) 2) nach dem Siege, wie dies des Jephta Tochter that, als sie dem Va-

v) 1 Sam. 10, 5.
w) Pf. 149, 3.
x) 1 Maccab. 13, 5.
y) 2 Buch Mos. 10.
z) Pf. 28, 26.

Vater entgegen gieng. a) 3) Bey allerhand Zusammenkünften und Gastereien. b) 4) Beym Tanz, wo es reihen- und wechselsweise geschah, c) und 5) zum Lobe Gottes. d)

Späterhin führten sie die heydnischen Völker ein, e) besonders bey ihrem Bachusfeste, an welchem sie zu den Schalmeyen, Hörnern und Zymbeln die Pauken schlugen.

Die Abbildung dieses heydnischen Bachusfestes trift man noch auf verschiedenen alten Gemälden und Münzen an, wo eine Jungfrau, mit einer schlagenden Pauke in der Hand, und zween Pfeifer, (wovon der eine in ein krummes Horn, und der andere in eine doppelte Pfeife bläst,) voraus gehen.

Sogar zu Singestimmen wurden, nach Ovids Bericht, die Pauken geschlagen.

Unsere gewöhnlichen Pauken (lat. Tympana; ital. Timpani) oder Heer-Pauken, haben die Form zweer grossen runden Kessel, welche von Messing, Kupfer oder Silber verfertiget sind. Die Oefnung dieser, in der Grösse etwas verschiedenen, Kessel ist mit starken Pergamenthäuten überzogen, und ringsum mit Schrauben befestiget, womit man sie, vermittelst eines Spanners, so viel als nöthig, anziehen oder stärker spannen, und zu den Trompeten einstimmen kann. Bekanntlich werden sie mit zwey hölzernen Schlägeln oder Klöpeln geschlagen.

Die grössere Pauke wird gewöhnlich G genannt, ob man sie gleich sehr häufig in A 2c. stimmt; die kleinere aber heisst C, und wird ebenfalls oft einen Ton 2c. höher, nemlich in D gestimmt. Das G der tiefern Pauke ist das sogenannte grosse G, und das C der höhern das ungestrichene C. Die grössere oder G-Pauke pflegt man bey dem Gebrauche zur Rechten, folglich die kleinere zur linken zu stellen. Will man sie dämpfen, so werden sie wie z. B. bey der Trauer 2c. mit

---

a) B. Rich. 11, 34. 1 Sam. 18, 6.
b) Jes. 5, 12. Amos 6, 5.
c) Hiob 21, 12. Ps. 22, 3. Ps. 149, 3.
d) 2. Sam. 6, 5. Ps. 81, 3.
e) Catullus in s. Epithal. Thetid.

mit einem schwarzen Tuche bedeckt. Auch kann dies dadurch geschehen, daß man die Klöppel oder Schlägel vorn mit Leder, Tuch u. d. g. umwindet.

Die Pauken werden als eine große Zierde des Regiments angesehen. Wenn sie ein Regiment im Treffen verlohren hat, so darf es nach Kriegsrecht keine eher wieder führen, bis es ein Paar andere vom Feinde erobert.

Heutiger Gebrauch.

Sie werden eben so, wie die Trompeten, zu verschiedenen Feierlichkeiten gebraucht. Die Reuterei bedienet sich ihrer im Felde beym Gottesdienste statt der Glocken. Zu einem Chore Trompeter von drey Stimmen, oder wie Andere wollen, zu sechs Trompeten gehört ein Paar Pauken, die zu dieser heroischen Musik das Fundament oder den Baß machen. Vorzüglich aber werden sie bey den Cüraßiers und bey der schweren Reuterey, wie auch an großen Höfen geführt. Jetzt, seitdem man die Trompeten eingeführt hat, sind sie auch bey vielen Dragoner Regimentern gebräuchlich.

Das Schlagen nach Noten geschieht bey Aufzügen, Sinfonien, in der Kirchen- Cammer- und Opern-Musik.

Das Schlagen ohne Noten nennt man das Präambuliren, oder Fantasiren, welches also gewöhnlich aus eigener Erfindung oder — wie man zu sagen pflegt — aus dem Stegereife geschiehet. Hierin zeichnen sich besonders die Deutschen vor andern Nationen sehr vortheilhaft aus. Denn ein geschickter Pauker kann seine Zuhörer, durch die mannichfaltigen Manieren und Kunstschläge, eine ziemliche Zeitlang in der Aufmerksamkeit erhalten. Das, was diesem Instrumente in Absicht auf die Anzahl der Töne abgeht, weiß er durch verschiedene Schlag-Manieren zu ersetzen. Dies Schlagen, welches bald stark, bald schwach, bald langsam, bald geschwind geschieht, verrichten die Pauker gewöhnlich mit künstlichen Figuren, Wendungen und Bewegungen des Leibes. Man pflegt die Pauken ein wenig einwärts gegen einander zu stellen, damit die Schlägel desto eher und besser von einer Pauke zur andern springen.

Schlag

Schlag-Manieren.

Zu den Schlagmanieren gehören der Wirbel, der Abzugschlag, das Roulement, die einfache, doppelte, gerissene und tragende Zunge, die doppelten und einfachen Kreuzschläge, Triolen u. d. g. m. Alle dergleichen Schlag-Manieren lassen sich besser zeigen als beschreiben. Indeß ist hier doch etwas practisches, wie es ein Ungenannter in seiner Beantwortung der musikalischen Nachrichten und Anmerkungen, An. 1768 angeführt hat.

130

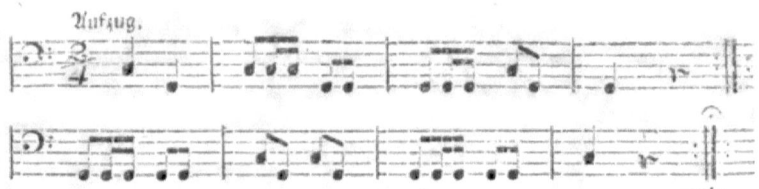

Ein geschickter Lehrherr wird diese Beispiele gehörig zu benutzen, und den Lernenden darnach zu unterrichten wissen. Die dabey anzuwendenden Vortheile in der Kürze deutlich zu beschreiben, ist nicht möglich. Der mündliche Unterricht muß hierbey, wie schon gesagt, das beste thun. Nur vergesse man nicht, bey der Uebung in allen Arten von Zungen, Kreuzschlägen und Wirbeln, dem Zögling zugleich Sicherheit im Takte beyzubringen. Zur Erwerbung dieser, dem Pauker so vorzüglich nöthigen **Sicherheit**, sind Paukenstimmen zu Sinfonien u. d. g. worin gemeiniglich viele und verschiedene Pausen vorkommen, sehr gut zu gebrauchen. Hat man dem Lernenden alles erklärt und ihm die jedesmal erforderliche Art des Vortrages nebst den schiklichen Manieren gezeigt, so kann man etwa die erste Violine dazu spielen. Es versteht sich, daß bey dieser Uebung die Pauken gedämpft werden müssen, damit der Lehrling die Violine hören könne, und sich in Ansehung des Taktes u. s. w. nach Andern richten lerne. Ueberhaupt muß man auch den Pauker sorgfältig dazu anhalten, daß er nicht immer gleich stark spiele, sondern sich nach den Umständen gehörig moderire. Denn bekanntlich dringen die Pauken ungemein durch, und übertäuben nicht selten die andern Instrumente. Auch bringe man fleißig auf das so nöthige reine **Stimmen**, worin die Scholaren öfter unverantwortlich vernachläßigt werden.

Noch muß ich bemerken, daß man bey großen Musiken zuweilen vier und wol noch mehrere Pauken von verschiedener Größe gebraucht, die also auch in verschiedene, von dem Componisten vorgeschriebene, Töne gestimmt werden. f) Um jede bequem erreichen zu können, pflegt man sie amphitheatralisch zu stellen. Auch hat unter andern ein besonderer Liebhaber dieses Instrumentes eine Anzahl Pauken nach dem bekannten Ut, re, mi, fa, sol, la, (si,) auf ebendieselbe

---

f) Dies ist z. B. der Fall in des Herrn Capellm. Reichardts vortreflichen Trauercantate auf den Tod Friedrichs des Großen.

selbe Art neben einander stellen, und dieses Paukenchor mit folgender Ueberschrift versehen lassen:

Ut relevet *mi*serum *fa*tum
*Sol*vosque *la*bores aevi,
*Si*t dulcis Musica noster amor.

Das ist: Laßt uns die angenehme Musik lieben, damit sie das elende Schicksal und die Beschwerlichkeiten des Lebens erleichtere.

Die erwähnten Sylben wurden aber zuerst im eilften Jahrhundert von einem großen Verbesserer der Musik, nemlich von Guido aus Arezzo gebürtig, und zwar aus jedem Einschnitte der ersten Strophe des folgenden, damals sehr gewöhnlichen, Hymnus entlehnt:

Ut queant laxis   *R*esonare fibris
*Mi*ra gestorum   *Fa*muli tuorum
*Sol*ve polluti   *La*bii reatum,
         Sancte Iohannes!

Das ist: Oefne die volle Brust deiner Diener, damit sie deine wundervollen Thaten ertönen lassen können, heiliger Johannes!

Da jedoch diese Sylben eigentlich nur bey der Erlernung des Singens üblich sind, g) so sehe ich nicht ein, wie der obengedachte Ungenannte in seiner Beantwortung schreiben konnte: „Ein rechtgelernter Pauker soll und „muß sich erstlich zwey Jahre in die Lehre begeben; da wird ihm dann erklärt, „was die Wörter (Sylben) Ut, re, mi ꝛc. zu sagen haben." Dies ist aber gar nicht nöthig; denn man kann, meines Erachtens, ein guter Pauker seyn, ohne die Bedeutung der Ut, re, mi, fa ꝛc. zu wissen. Auch erfordert es nicht wenig Zeit, die sogenannte Mutation und den richtigen Gebrauch des *mi, fa*, aus dem Grunde zu erlernen. Uebrigens kann es freylich nicht schaden, wenn auch ein Pauker etwas weniges aus der Geschichte der Musik weiß. Er wird deshalb

---

g) Man läßt nemlich noch hin und wieder den angehenden Sänger, welcher anfangs blos die Noten (ohne beygefügten Text) singen lernt, anstatt der Buchstaben c, d, e, f ꝛc. die obigen Sylben unterlegen, damit er alle die darin enthaltenen fünf Vocale im Gesange gut aussprechen lerne. Mehr Unterricht hiervon findet man unter andern in Tosis Anleitung zur Singkunst, mit Erläuterungen und Zusätzen von J. F. Agricola.

halb noch immer kein Martini, **Marpurg**, Gerbert, Burney, Forkel ꝛc. werden.

Die Pauken-Noten werden im Baßschlüssel geschrieben. Weil man aber auf den Pauken nur zwey Töne hat, so kann man sie auch durch eine Linie bezeichnen. Z. B. $\frac{c}{g}$.

Uebrigens stehen die privilegirten Pauker mit den Trompetern in einerley Zunft und Range, und gehören zur Prime Plane. In manchen Diensten nimmt man, wo möglich, Mohren, welche weiße Pferde reiten, theils um des Ansehens willen, theils damit sie bey Verschickungen desto eher erkannt werden.

Wesentliche Vorzüge eines Paukers sind: 1) daß er doppeltes Tractament erhält, in manchen Diensten sein eigen Pferd reitet, und dafür besonders die Ration am Gelde bekommt. 2) Daß bey Auslösung der Gefangenen mehr für den Trompeter und Pauker, als für den Gemeinen bezahlt wird. 3) Daß er von allen persönlichen Abgaben frey ist. 4) Den Nachlaß eines Paukers erhalten entweder seine nächsten Anverwandten, oder die Kameraden desselben; oder er fällt der Casse des Orts anheim.

Ein gelernter Pauker muß sein Instrument wieder in brauchbaren Stand zu setzen verstehen. Man hat, nach der Bemerkung des mehrmals erwähnten Ungenannten, bey Aufziehung der Pauken auf gute egale Häute zu sehen, den Ring um das Fell zu tragen, die Schrauben gehörig anzubringen und sie durch den Spanner so anzuziehen, daß sie ihren Resonanz erhalten.

Uebrigens widerräth er, neue Felle vor dem Aufziehen in Branntwein einzuweichen, und sie, wie dies von Einigen empfohlen wird, mit Knoblauch zu bestreichen. Natürliches Wasser soll hierbey eben dieselben Dienste thun, und dabey unschädlicher seyn, als jene beizenden Mittel.

Dies ist ungefähr das Wichtigste, was ich über die Trompeter- und Paukerkunst zu sagen weiß. Ungemein freuen würde es mich, wenn man diesen Versuch nicht ganz ohne Beyfall aufnehmen und manches Brauchbare darin finden sollte.

Anhang

Anhang.

Allegro. **Coro 1.**

Das zweyte Chor wiederhohlt es.

Zweyter Theil.

144
Minuetto.

Aus Mangel an Raum muß das Trio, wozu ebenfalls seine Trompeten und Pauken gehört sind, hier wegbleiben.

144

Minuetto.

Aus Mangel an Raum muß das Trio, wozu ohnedieß keine

www.ingramcontent.com/pod-product-compliance
Lightning Source LLC
Chambersburg PA
CBHW030306170426
43202CB00009B/888